職場を活性化する
ザ・マネジメント

著 福丸 典芳

THE MANAGEMENT

日科技連

まえがき

　現在，組織内外の環境は刻々と変化している．このため，グローバル化への対応，新製品・新技術の開発競争の激化，円高傾向，環境問題への対応など，組織が直面している問題や課題はなくなるどころかますます増加傾向にある．

　このような事業環境に対応するためには，これらの変化に耐えうる頑強な日常業務および事業計画のマネジメントを効果的で効率的に行うことで，組織の目標を達成することができる．このためには，組織としてのマネジメント力が問われ，組織の要員すべてが，事業活動に必要なマネジメント力を開発・維持しておくことが必要となる．それにもかかわらず，日常業務および事業計画のマネジメントに対する学習が継続的に行われていない組織が多い．とくに，中小規模の組織においては，これらのマネジメントに関する能力を保有している要員が極めて少ない状態であり，将来を見据えた事業活動を行うことが困難な状態にある．

　このような事態を打破するため，事業活動に必要なプロセスをどのような方法で設計しマネジメントすれば，目標とする成果を上げることができるのか，組織が持続的に成功するために必要な事業計画をどのようにマネジメントすれば，経営戦略を達成することができるのかについてのアプローチの方法を確立しなければならない．

　事業活動のマネジメントに関する方法論は，すでに多くの書籍，ISO規格，およびJIS規格などで発行されている．マネジメントについては過去の書籍などで，日常管理，方針管理として基本的な考え方や方法について確立はされている．しかし，最近の経営環境，事業活動の状況，および組織の要員のマネジメントに関する考え方などを考慮して，本書ではこれらの用語は使用しないで，組織で日常的に使われているマネジメントという用語を使用した．管理という用語にアレルギーを感じている人々がいることもこの背景にある．

　これらのことを踏まえて，事業活動に必要なマネジメント能力の自己

啓発，社内教育にも活用できるように，本書の構成は，
  第1章　日常業務のマネジメント
  第2章　事業計画のマネジメント
  第3章　プロセス改善のツール
  第4章　マネジメントシステムのモデル
  第5章　マネジメントに関する知識の学習
となっている．

　したがって，これらの内容を理解して，本書を活用し，組織のそれぞれの部門で業務を行っている人々が，効果的で効率的に目標を達成するためのマネジメントの実践が行われることを期待する．

　本書の出版にあたり，㈱日科技連出版社の蘭田部長，石田　新氏には多くの助言をいただいた．心から感謝申し上げる．

　2010年6月

福丸　典芳

Contents

まえがき ……………………………………………………………………… iii

1 日常業務のマネジメント …………………………………… 1

1.1 仕事の質 ………………………………………………………… 3
1.2 仕事の標準化 …………………………………………………… 9
1.2.1 目 的 ……………………………………………………… 9
1.2.2 標準化の考え方 …………………………………………… 10
1.2.3 プロセスの考え方 ………………………………………… 13

1.3 プロセス設計 …………………………………………………… 15
1.3.1 プロセス設計の基本 ……………………………………… 15
1.3.2 プロセス機能展開の手順 ………………………………… 18
1.3.3 プロセス機能展開の実施例 ……………………………… 24

1.4 プロセスの評価および改善 …………………………………… 27
1.4.1 プロセスの監視および測定方法 ………………………… 28
1.4.2 プロセスの改善 …………………………………………… 31

1.5 日常業務のマネジメントのポイント ………………………… 32

2 事業計画のマネジメント ………………………………… 33

2.1 事業計画のマネジメントアプローチ ………………………… 35
2.1.1 事業計画のマネジメントの基本的な考え方 …………… 35
2.1.2 事業計画のマネジメントプロセス ……………………… 37

2.2 経営戦略の策定 ………………………………………………… 38
2.3 事業戦略の策定 ………………………………………………… 38
2.3.1 事業領域のビジョンの策定 ……………………………… 38
2.3.2 事業戦略の策定 …………………………………………… 39

		2.3.3	組織能力の自己評価 ………………………………………… 49

- 2.4 中長期計画の策定 ……………………………………………… 51
- 2.5 年度事業方針の策定 …………………………………………… 51
- 2.6 年度計画の目標および方策の策定 …………………………… 53
  - 2.6.1 年度目標の策定 ………………………………………… 54
  - 2.6.2 目標達成のための方策の策定 ………………………… 56
  - 2.6.3 目標および方策に対する処置基準の設定 …………… 58
- 2.7 事業計画の実施 ………………………………………………… 60
- 2.8 事業計画のレビュー …………………………………………… 61
- 2.9 事業計画のマネジメントのポイント ………………………… 64

3 プロセス改善のツール ………………………………… 67

- 3.1 是正処置 ………………………………………………………… 69
- 3.2 予防処置 ………………………………………………………… 77
- 3.3 プロセス機能展開 ……………………………………………… 82
- 3.4 統計的手法 ……………………………………………………… 83
  - 3.4.1 QC七つ道具 …………………………………………… 84
  - 3.4.2 QC七つ道具を活用したプロセスの監視または測定 … 95
  - 3.4.3 新QC七つ道具 ………………………………………… 97
  - 3.4.4 検定・推定 ……………………………………………… 101
  - 3.4.5 実験計画法 ……………………………………………… 103
- 3.5 問題解決型QCストーリー …………………………………… 103
- 3.6 課題達成型QCストーリー …………………………………… 107
- 3.7 ISOマネジメントシステム規格による内部監査 …………… 110
- 3.8 マネジメントシステムの成熟度評価 ………………………… 111
  - 3.8.1 ISO 9004：組織の持続的成功のための運営管理－品質マネジメントアプローチの附属書Aの概要 ……………………………………… 112
  - 3.8.2 品質マネジメントシステムの自己診断システムの概要 …… 114
  - 3.8.3 JIS Q 9006（質マネジメントシステム－自己評価の指針）の概要 …… 119

4 マネジメントシステムのモデル ……………… 125

4.1 組織のマネジメントシステム ……………………… 127
4.2 ISO で定義する品質マネジメントシステム ……………… 129
- 4.2.1 ISO 9001 のモデル ……………………………… 129
- 4.2.2 ISO 9004 のモデル ……………………………… 132

4.3 JIS Q 9005 のモデル ……………………………… 135
4.4 デミング賞のモデル ……………………………… 141

5 マネジメントに関する知識の学習 ……………… 147

5.1 要員の力量 ……………………………………… 149
5.2 マネジメント能力の開発プログラム ……………… 150
- 5.2.1 有効性に着目した内部監査 ……………………… 151
- 5.2.2 P. F. ドラッカーのマネジメントの学習 ……………… 155
- 5.2.3 TQM 品質保証の自己診断 ……………………… 159
- 5.2.4 JIS Q 9005 の組織能力像の作成 ………………… 161
- 5.2.5 JIS Q 9006 の自己評価 ………………………… 162

参考・引用文献 ……………………………………… 165
索 引 ………………………………………………… 167

1章 日常業務のマネジメント
(Daily Operation Management)

私たちは，日常業務の目的を達成するために，与えられた責任・権限の範囲内で，決められた手順に従って日々業務を行っている．この業務のアウトプットには，報告書などの情報があり，これらを組織内外の人々へ提供し，最終的に生産活動の結果としての製品・サービスを顧客に提供するために，日常業務が効果的で効率的になるようにマネジメントしている．この業務とは，"日常継続して行う仕事のこと"，すなわち，日常継続して実施しなければならないことである．

　しかし，私たちは，常に同じ業務環境で仕事を行っているわけではない．たとえば，人が変わる，製品・サービスの仕様が変更される，仕事のプロセスが変更になるなどのように，ある変化が起こることで，仕事の結果にばらつきが発生し，問題が起こる可能性がある．問題が発生した場合には，私たちは，仕事の結果をもとの安定した状態に戻す活動，すなわち，改善活動を行う必要がある．

　このように，日常業務を取り巻く環境は常に変化しているので，仕事の結果を定常的に把握し，これらの変化を早く検出して，問題が大きくならないようにするための仕組みを構築しておくことが，マネジメントでは重要である．

　このような日々の業務活動を一般的には日常管理というが，ここでは**"日常業務のマネジメント"** と称する．なお，日常管理を㈳日本品質管理学会(以下 JSQC という)では，次のように定義している．

JSQC の定義

組織のそれぞれの部門において，日常的に実施されなければならない分掌業務について，その業務目的を効率的に達成するために必要なすべての活動．

　では，どのようにすれば，与えられた仕事を効果的で効率的に達成できるかを以下に解説する．

1.1　仕事の質

　私たちは，組織から与えられた仕事に対して，決められた手順に従っ

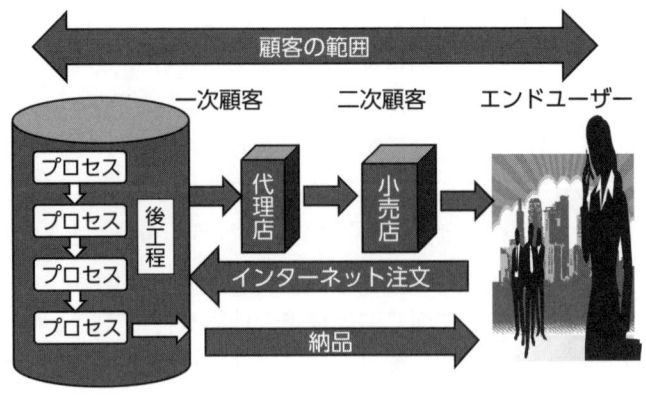

図 1.1　後工程はお客様
(出典：福丸典芳著,『品質管理技術の見える化』, 日科技連出版社, 2009 年)

て間違いのない結果を出すように日々活動を行っている．このような活動が，安定した仕事の質および製品・サービスの質を関連する組織内外の部門および人々，ならびに顧客に提供することに繋がる．しかし，この仕事の質に問題が発生すると，仕事の結果を受け取る組織や人々(一般的に後工程と言う)が，やるべき仕事ができなくなる．このような事態にならないようにするためには，図 1.1 に示すように"後工程はお客様"という考え方を全員が認識して仕事を実施することが重要である．このことが，顧客満足ということに繋がる．

　私たちは生産活動を行っているので，一般的には"製品・サービスの品質"という用語を使用することがほとんどであるが，サービスの提供を主たる業務としている分野では，品質を"もの"，すなわち"ハードウェア"の意味合いで捉えられているので，この品質を"質"と称していることが多い．たとえば，医療の質，サービスの質，間接分野での仕事(業務)の質などのような使い方をしている．

　JSQC では，品質／質を次のように定義している．

JSQC の定義

　製品・サービス，プロセス，システム，経営，組織風土など，関心の対象となるものが明示された又は暗黙のニーズを満たす程度．

注記1　ニーズには，**顧客**と社会の両方のニーズが含まれる．
注記2　**品質／質**の要素には，機能，性能，使用性，入手性，経済性，信頼性，安全性，環境保全性，感性品質などが含まれる．

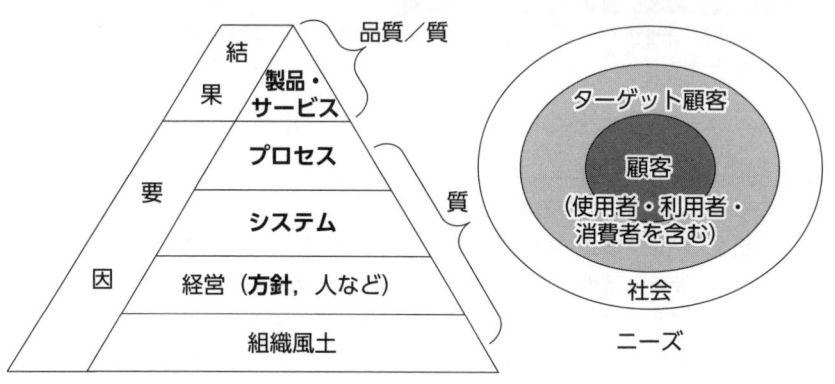

　生産活動の最終のアウトプットである製品・サービスの質は，顧客だけでなくその他の利害関係者(組織の人々，供給者，株主，社会など)にも影響を与えている．このため，製品・サービスの質に関して，顧客およびその他の利害関係者の満足を得るためには，組織内のすべての部門における仕事の質を継続的に維持または向上することが重要である．

　たとえば，総務部門のサービス提供の相手先である顧客およびその他の利害関係者には，社員，株主，近隣の住人などが存在する．このように，総務部門ではこれらの利害関係者と関係する各種の仕事(たとえば，総務，人事，労務，経理，環境対策，株主対策など)を行っており，これらの仕事の質が悪いと判断されると，苦情(仕事の質に対する問題提起)やクレーム(仕事の質に対する賠償)が発生することになる．このようなことにならないために，私たちが日々行っている仕事について，それぞれの階層(たとえば，部長，課長，係長，主任，担当)で日常業務のマネジメントを行っている．

　また，設計，製造，購買などの製品実現に関する部門では，製品・サービスの"品質特性"そのもののマネジメントや品質特性を創り出すための日常業務のマネジメントを行っている．品質特性に関して，ISO

9000／JIS Q 9000（品質マネジメントシステム－基本及び用語）では，次のように定義している．

ISO 9000／JIS Q 9000 の定義
要求事項に関連する，製品，プロセス又はシステムに本来備わっている特性．

また，特性とは，ISO 9000 で次のように定義している．

ISO 9000 の定義
そのものを識別するための性質．
注記1．特性は本来備わったもの又は付与されたもののいずれでもあり得る．
注記2．特性は定性的又は定量的のいずれでもあり得る．
注記3．特性には，次に示すように様々な種類がある．
　　－物質的　　例：機械的，電気的，化学的，生物学的
　　－感覚的　　例：きゅう(嗅)覚，触覚，味覚，視覚，聴覚
　　－行動的　　例：礼儀正しさ，正直，誠実
　　－時間的　　例：時間の正確さ，信頼性，アベイラビリティ
　　－人間工学的　例：生理学上の特性，又は人の安全に関するもの
　　－機能的　　例：飛行機の最高速度

この定義からもわかるように，特性は製品・サービスだけでなく，仕事の仕組みとしてのプロセスまたは組織活動の全体の仕組みとしてのシステムにも存在することがわかる．

したがって，仕事の質には，現在仕事を行っている状況と仕事の結果に関する2つの側面があるので，これらが計画通りになっているのかに関して日常業務のマネジメントを行うことにより，望ましい成果を上げることができる．

日常業務のマネジメントを効果的で効率的に行うためには，次に示すマネジメントの基礎を理解しておくことが必要である．

(1) 仕事を定義すること

何を，どのような方法で，誰が，という観点で，仕事の方法を明確にする．明確にした結果は，作業標準などとして文書化する．作業標準に

は，文章だけでなく，フローチャート，図表，写真，パワーポイント，DVDなどの媒体もある．

（2） 仕事を監視すること

仕事の出来栄えをチェックシートや作成資料などで確認する．

（3） 必要な場合には，仕事の結果を測定すること

仕事の結果をデータ化し，グラフなどで誰が見ても一目でわかるように"見える化"する．測定することで，仕事の結果の傾向が時系列で見えてくる．

（4） 監視および測定の結果を目標と比較すること

仕事の結果が目標通りとなっているのか，目標に達していないのかについて評価する．

（5） 仕事の方法を改善すること

目標との比較の結果から，問題がある，または好ましい状態ではない場合には，仕事を改善する．

以上のことは，図1.2に示すように，SDCAのサイクルを回すことに他ならない．

1） S（Standardize）
Sとは，仕事を行うための計画であり，仕事が効果的かつ効率的になるような作業手順を明確化することである．すなわち，実施すべき作業を作業者が理解できて，その通りに実施可能な計画になっていなければならない．
ただし，作業手順は文書化されている場合と文書化されていない場合がある．文書化するかしないかは，作業者の力量や仕事の複雑さで決まってくるということに注意が必要である．

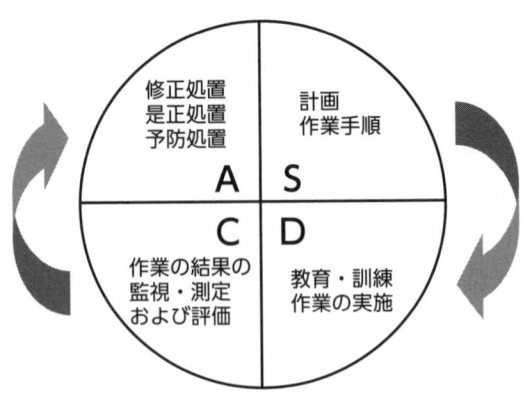

図 1.2　SDCA のサイクル

2) D(Do)

　Dとは，作業者に作業方法の教育・訓練を行い，作業者が決められた手順通りに作業を日常的に実施することである．

3) C(Check)

　Cとは，仕事の結果が意図する状態，すなわちSの段階で設定した通りに活動を行っているか，または仕事の結果が目標に到達しているかどうかを監視または測定し，それを評価することである．チェックは，評価すべきパフォーマンス指標について，定期的なマネジメント周期に基づいて行い，その結果を記録することである．

4) A(Act)

　Aとは，仕事の結果が目標に到達していなかった場合に，修正処置(暫定対策)または是正処置(再発防止対策)をとることである(3.1 項参照)．または，このままの結果で継続して仕事を行うと何らかの問題が発生する可能性があるので，事前に問題が発生しないように予防処置(未然防止対策)をとることである(3.2 項参照)．

1.2 仕事の標準化

1.2.1 目的

　私たちは，仕事の目的を達成するためにいろいろな日常活動を行っている．これらの日常活動は，効果的で効率的になるようにマネジメントすることで，仕事の目的を達成することが可能となる．このためには，組織環境の変化に俊敏に対応できるような仕組みが必要となる．この一つは仕事を誰が行ってもばらつきが少なくなるように，標準化することである．
　JSQCでは，標準化を次のように定義している．

JSQCの定義

効果的・効率的な組織運営を目的として，共通に，かつ繰り返して使用するための取決めを定めて活用する活動．

　この定義から，標準化とは日常の仕事について，誰が仕事をしても同じ結果が出るようにすることや，繰り返し仕事を行っても同じ結果が出るようにするための仕組み作りをする活動のことであるということがわかる．
　仕事を標準化する目的を次に示す．

（1）相互理解・コミュニケーションの促進

　作業手順を明示することで，作業者に作業の方法を継続的に教育・訓練でき，理解を深めることができる．また，作業が標準化されていることで，同じ目線で作業者同士がコミュニケーションをとることができる．

（2）質の確保

　作業者が変わっても誰でも同じ方法で作業を行えるため，作業の結果および実施状況にばらつきが少なくなり，均一な製品・サービスの品質

および仕事の質を確保できる．

（3） 使いやすさの向上

技術標準，作業標準などのように，どのような標準があるのかが明示されるので，誰でもが必要な標準を使用することができる．

（4） 互換性の確保

ネジ，USB，コンセントのように，製品に使用される部品などが規格化されることで，コストの低減に繋がるとともに，利用者の利便性にも繋がる．

（5） 生産性の向上

一つの作業をどの程度の時間で行うかが明確になるので，計画通りの仕事が可能となる．

（6） 仕事の仕組みの維持・改善の促進

作業で何か問題が発生した場合に，どのような手順のときに発生したのかなどに関して検討し，この手順を改善することが可能である．

1.2.2 | 標準化の考え方

私たちは，業務を標準化することで，業務目的を効果的で効率的に達成することが可能になる．では，どのような方法で標準化を行えば良いのであろうか．

標準化を行うための基本的な考え方を示しているのが，P. F. ドラッカー(アメリカの経営学者)であり，その著書『マネジメント　基本と原則』の中で次のような考え方を示している．

1） 仕事を理解するためには，客観的な事象を理解することおよび分析が必要である．

⇒仕事の構造についての考え方を示している．
　作業者に仕事を与え，その通り実行させるためには，何をどのようにするのかが理解でき，判断ができるようにすることである．

　2）　仕事の分析とは，基本的な作業を明らかにし，論理的な順序に
　　　並べることである．
　　　⇒プロセス設計の基本的な考え方を示している．
　基本的な作業とは，単位作業(注)のことであり，この単位作業を作業の順番に並べることで，作業手順が決定されることになる．
　（注）　作業手順：一つの作業目的を遂行する最小の作業区分（JIS Z 8141）．

　3）　個々の作業を一人ひとりの仕事とする．
　　　⇒仕事の責任は誰かということを示している．
　それぞれの単位作業を誰が行うのかを明確にすることである．

　4）　一人ひとりの仕事を生産プロセスに組み立てる．
　　　⇒プロセスの基本的な考え方を示している．
　結果を生み出す個々の単位作業の集まりをプロセスとして構築することである．

　5）　管理の手段を組み込む．
　　　⇒プロセスの管理についての考え方を示している．
　単位作業がうまく行われているかどうかを評価するための方法を決めることである．

　6）　仕事とは個々の作業ではなく，一連のプロセスである．
　　　⇒プロセスの繋がりについて示している．
　仕事とは，数多くのプロセスが集まって出来上がっていることである．

　7）　予期せざる偏差を感知し，プロセスの変更を知り，必要な水準

にプロセスを維持するためのフィードバックの仕組みが必要である．
　⇒プロセスの監視および測定，ならびにプロセス改善の考え方を示している．

プロセスの状態を監視・測定し，これに変化が現われた場合には，目標としたレベルを維持するため，必要な情報を関連部門にフィードバックできるようにすることである．

以上のことは，まさしくプロセスのSDCAを回すための仕組みがなければ効果的ではないということを示している．
また，生産性向上の条件として次の項目をあげている．
a） 仕事が要求するものを理解し，仕事を人の働きに即したものにしなければならない．
　⇒目的志向とそれを達成するための教育・訓練について示している．

仕事の目的を理解させ，作業者の能力に応じた仕事を与えることが良い結果を生み出すので，そのための教育・訓練を行うことである．
b） 仕事を生産的にする条件とは，次の事項である．
　◆分析
　　仕事に必要な作業，手順，道具を知らなければならない．
　　⇒仕事を行うための計画を明確にすることを示している．
　◆総合
　　仕事を集め，プロセスとして編成しなければならない．
　　⇒プロセスの確立の考え方を示している．
　◆管理
　　プロセスの中に，方向づけ，質と量，基準と例外についての管理手段を組み込まなければならない．
　　⇒プロセスのマネジメント方法の考え方を示している．
　◆道具
　　仕事には，インプットを使用しなければならない．

⇒仕事を行うにはインプットが必要であることを示している．
c）　成果を中心に考える．
⇒仕事の目的は，成果を出すことであるということを示している．
d）　仕事からのアウトプットを中心に考える．
⇒生産的であることを評価するためにはアウトプットが中心であるということを示している．
e）　どのような道具を，いつ，何のために使うかは，アウトプットによって規定される．
⇒仕事を行うための道具に関して，どのように明確にすればよいのかは，アウトプットで決まるということを示している．

たとえば，アセンブリーされた製品を生産するということであれば，アセンブリーするための設備はどのようなものか，その設備はどのステップで使用するのかを考えるとよい．

1.2.3 ｜ プロセスの考え方

　仕事を標準化するためには，仕事を行うためのプロセスを確立する必要がある．
　ISO 9000 では，プロセスを次のように定義している．

ISO 9000 の定義

　インプットをアウトプットに変換する，相互に関連する又は相互に作用する一連の活動．
　注記1．プロセスのインプットは，通常，他のプロセスからのアウトプットである．
　注記2．組織内のプロセスは，価値を付加するために，通常，管理された条件のもとで計画され，実行される．
　注記3．結果として得られる製品の適合が，容易に又は経済的に検証できないプロセスは，"特殊工程"(special process)と呼ばれることが多い．

　以上の定義のことを簡単な事例で考えてみる．
　たとえば，「測定機器を使用して製品の検査を行って，その結果を記録し，合否の判定を行い，合格または不合格印を押印する」作業を考え

表1.1 ①および②の単位作業のインプット，アウトプット

単位作業	インプット	アウトプット
① 検査を行う	測定機器，製品	記録
② 合否の判定を行う	記録	合格または不合格印

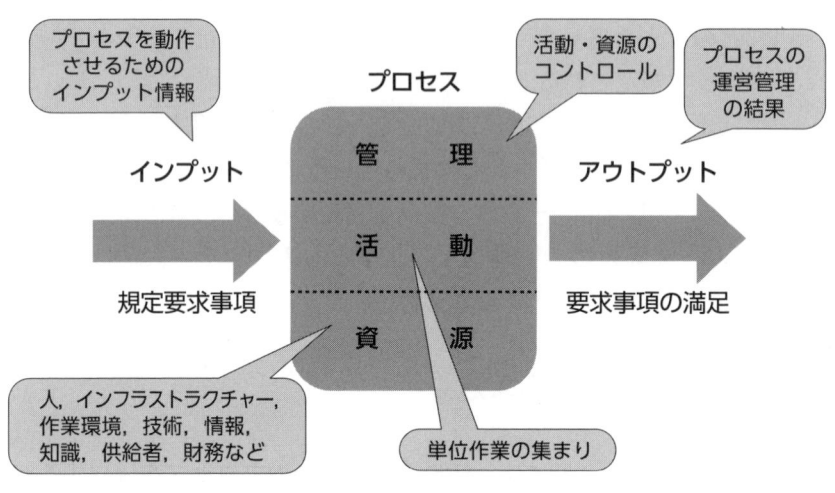

図1.3 プロセスのモデル

てみる．

この中には，次の2つの単位作業が含まれている．

① 検査を行う
② 合否の判定を行う

①および②の単位作業のインプット，アウトプットは表1.1の通りとなる．

したがって，プロセスの考え方は図1.3に示すようなモデルになっている．プロセスは，資源，活動および管理から構成されており，プロセスを動作させるためのインプットとプロセスの運営管理の結果であるアウトプットで定義される．

この考え方は，ISO 9001の序文に次のように規定してある．

> **ISO 9001 の規定**
>
> 組織が効果的に機能するためには，数多くの関連し合う活動を明確にし，運営管理する必要がある．インプットをアウトプットに変換することを可能にするために資源を使って運営管理される一つの活動又は一連の活動は，プロセスとみなすことができる．

このため，プロセスの構築に当たっては，インプット，資源，活動，管理，アウトプットに関する要素を明確にし，これらの要素が効果的かつ効率的になるように設計することで，望まれる成果を生み出すことができる．また，プロセスは文書化することで組織の知識として保存することができる．

1.3 プロセス設計

私たちは，新規の仕事に関する仕組みを構築する場合には，仕事を効果的で効率的に行うためにプロセスの設計を行い，その結果としてどのような組織であっても作業標準書，業務フローチャートなどの媒体を作成し，日常業務のマネジメントを行っている．

しかし，ほとんどの組織では，この仕事の基本となるプロセス設計が体系的に行われていないことが多い．一般的に行われているプロセス設計の手順は，まず業務フローチャートを書いて，これを具体的な作業ベースに落として文書としている．これでは日常業務のマネジメントを行うには不十分である．次に示すステップでプロセスを設計するとマネジメントが効果的で効率的になる．

1.3.1 プロセス設計の基本

(1) プロセス設計の考え方

プロセスを設計するには，図 1.4 に示すようなプロセスの構造を理解しておくことが必要である．以下に，プロセス設計の基本的な考え方を

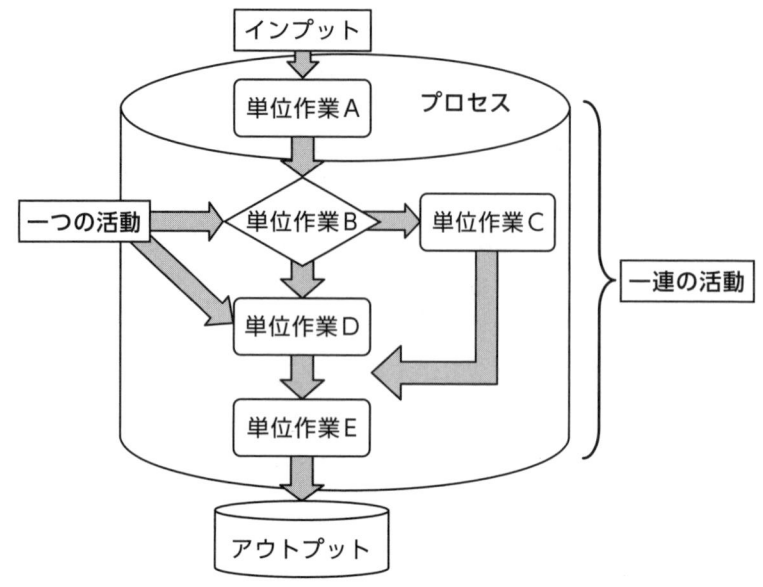

図 1.4　単位作業とプロセスの関係

示す.

1）　現在行っている仕事を単位作業に分解する.
　仕事は単位作業の集まりなので，仕事の最小単位である単位作業に分解する.

2）　単位作業を行うために，どのようなインプットを使用しているかを決定する.
　単位作業を行うには必ずインプットが必要になるので，どのようなインプットを使用して単位作業を行うのかを決定する.

3）　単位作業からのアウトプットは，どのような形式かを決定する.
　単位作業の結果として現れるアウトプットを決定する.

4）　単位作業は，誰が行うのかを決定する.

誰が単位作業を行うのかを決定し，責任を明確にする．

5）　単位作業で何を監視，または何を測定しているのかを決定する．
日常的にプロセスをマネジメントするために，単位作業の中で監視または測定しなければならない要素を決定する．

（2）　プロセス機能展開の考え方

以上のような考え方でプロセスを設計するためには，業務機能展開（本書ではプロセス機能展開という）を採用すると効率的にプロセスを確立できる．
JIS Q 9025 では，業務機能展開を次のように定義している．

JIS Q 9025 の定義
品質を形成する業務を階層的に分析して明確化する方法．

この定義は，仕事の質を作り込む作業をいくつかの階層に分解し，"見える化"するという考え方である．階層化するとは，たとえば，文章を書くときの方法として，章，節，項などのように展開することである．この考え方をプロセスの設計に取り入れたものがプロセス機能展開である．このプロセス機能展開の目的は，プロセスの効果および効率を高めるような設計を行い，"プロセスの見える化"をはかることである．
プロセス機能展開の実施においては，次のような利点がある．
- ◆実行すべき仕事が明確になる．
　プロセスに必要な機能（活動・要素）が明確になる．
- ◆仕事の相互関係，すなわち，繋がりが明確になるので，情報のサプライチェーンが確立できる．
　プロセスが機能展開されているので，単位作業の相互関係が明確になる．
- ◆管理のポイントが明確になるので，インプロセスマネジメントが可能になる．
　プロセス内の監視および測定すべき単位作業が明確になるので，

これをどのようにマネジメントすべきかが明確になる．
◆知(情報)の共有化ができる．
単位作業が明確になっているので，個人が保有している知識を組織内で共有できる．
◆手順の標準化を推進できる．
機能展開することで，手順の文書化が効率的にできる．
◆プロセスの見える化ができる．
機能展開した結果が，可視化できることで見える化に繋がり，誰でもが理解できる．

1.3.2 | プロセス機能展開の手順

　プロセス機能展開は，新QC七つ道具の手法の一つである系統図法の考え方でプロセスを系統的に順次展開し，単位作業(最終機能)を行う人および単位作業が当初の予定通りに行われているかどうかを評価すべきであると考えている対象としての単位作業に関する日常業務のマネジメント方法(監視および測定項目，マネジメント周期，記録，マネジメントの責任者)を明確にするものである．

　系統図法とは，小集団活動などの改善活動で特性要因図や連関図を用いて，要因の洗い出しを行ったときに，その判明した要因から対策が即座に実施できればよいが，まだ展開が不十分であったり，実施が非常に困難な対策となったりすることがある．そのようなときに，より具体的な対策(手段)を求めるために，目的・手段を系統的にまとめることを目的とした手法である．

　すなわち，図1.5に示すように，目的・目標・結果などのゴールを設定し，このゴールに到達するための手段や方策となるべき事柄を展開していく手法であり，基本目的を達成するための手段に展開し，この手段を目的に置き換えて，これを達成するための手段を順次展開するという考え方である(3.4.3項参照)．

　この系統図法の考え方に基づいて作成した表1.2に示すフォーマット

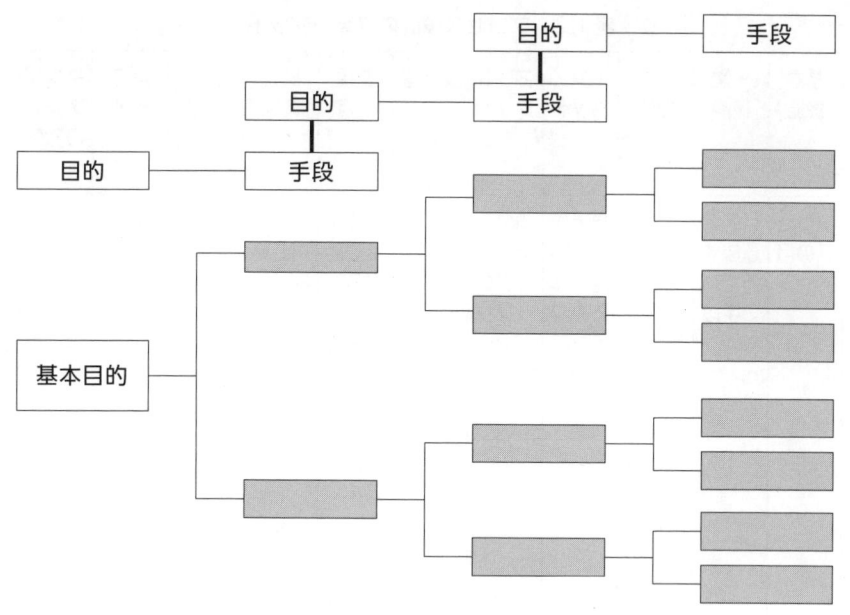

図 1.5　系統図法

を使用し，次に示すステップに基づいてプロセス設計を行う．なお，機能展開では，エクセルを使用すると効率的に作成できる．

ステップ❶　基本機能（プロセスの目的）の明確化

機能展開するプロセスの基本機能を明確にする．

たとえば，購買プロセスの基本機能は，次のようになる．

"品質の良い製品・サービスを必要な時期に，必要な量を，決めた価格で，購入する"

この基本機能は，組織の規程においては，目的に該当している．

ステップ❷　一次機能（目的を達成するための手段）への展開

基本機能を一次機能に展開する．一次機能とは，プロセスの基本的なステップを表現したものである．すなわち，基本機能を満たすために実施する基本的な活動が，一次機能となる．

表 1.2 プロセス設計のフォーマット

基本機能	一次機能	二次機能	インプット	アウトプット	実施者	監視項目	監視時期	測定項目	測定時期	マネジメントの責任者
プロセスの目的	目的を達成するための手段	一次機能を達成するための手段　順次機能を展開する　最終機能が単位作業になる	単位作業を実施するためのインプット	単位作業からのアウトプット	単位作業を実行する要員	単位作業で監視の対象となる項目　一般的には，点検項目	監視すべき時期	単位作業で測定の対象となる項目　一般的には，管理項目	測定すべき時期	監視・測定の責任者

　たとえば，購買プロセスの基本機能を満たすためには，次の基本的な活動がある．

① 購買方針を策定する
② 購買計画を策定する
③ 供給者を評価・選定する
④ 供給者へ製品・サービスを発注する
⑤ 製品・サービスを受領する
⑥ 製品・サービスを検査する

　これらが一次機能となる．この一次機能は，組織の規程においては，章(大項目)のタイトルに該当する．

ステップ❸　二次機能(一次機能を達成するための手段)以下への展開

　一次機能を具体的な作業(単位作業)になるまで二次機能以下への展開を行う．一般的には，三次機能～四次機能が最終機能になる場合が多い．

これ以上展開すると，規程の文書化が詳細すぎることになる．
　たとえば，"供給者を評価・選定する"ためには，次の活動がある．
　　① 供給者の能力を把握する
　　② 評価基準と比較する
　　③ 選定基準と比較する
　この二次機能は，組織の規程においては，節(中項目)のタイトルに該当する．

ステップ 4　最終機能（単位作業）の明確化

　最終機能とは，これ以上作業を分解できないものである．
　たとえば，"供給者の能力を把握する"ためには，"供給者からの情報を収集する"活動がある．
　この最終機能は，組織の規程においては，項の内容に該当する．

ステップ 5　単位作業のインプットの明確化

　単位作業を実施するために必要な情報などを明確にする．
　たとえば，"供給者からの情報を収集する"のインプットには，次の情報がある．
　　① 経営情報
　　② 設備保有情報
　　③ 取引先情報

ステップ 6　単位作業のアウトプットの明確化

　単位作業から産出される情報などを明確にする．
　たとえば，"供給者からの情報を収集する"のアウトプットには，"供給者情報一覧表"がある．

ステップ 7　単位作業の実施者の明確化

　単位作業を実施する要員を明確にする．
　たとえば，"供給者からの情報を収集する"要員は，購買担当者が該

当する．

ステップ 8　マネジメントすべき単位作業の抽出

マネジメントの対象とする単位作業を決める．

たとえば，"供給者からの情報を収集する"ことが重要である場合には，この単位作業をマネジメントの対象とする．

ステップ 9　単位作業の監視または測定項目の明確化

単位作業のパフォーマンスをどのような指標で監視または測定するかを明確にする．

たとえば，"供給者からの情報を収集する"では，"収集時期"を監視項目とする．

ステップ 10　単位作業の監視または測定項目の評価時期の明確化

パフォーマンス指標をどのようなマネジメント周期で把握するのかを決める．

たとえば，"供給者からの情報を収集する"では，"評価の1週間前まで"が監視時期になる．

ステップ 11　単位作業の監視または測定項目の評価責任者の明確化

たとえば，"供給者からの情報を収集する"では，"課長"となる．

ステップ1からステップ11までは，現在マネジメントしているプロセスを機能展開した例である．ステップ1からステップ11の結果を表1.3に示す．

機能展開を完了した後に，この機能展開したプロセスが，効果的で効率的になっているかをレビューする．

なお，プロセスをレビューする場合には，次のステップを追加する．

ステップ 12　プロセスの問題およびリスク分析

機能展開した結果から，現在マネジメントされている機能について，

表 1.3　購買プロセスのプロセス機能展開の例(ステップ1〜11)

基本機能	一次機能	二次機能	三次機能	インプット	アウトプット	担当者	監視・測定項目	監視・測定時期	評価責任者
品質の良い製品・サービスを必要な時期に,必要な量を,決めた価格で,購入する	購買方針を設定する								
	購買計画を策定する								
	供給者を評価・選定する	供給者の能力を把握する	供給者からの情報を収集する	経営情報,設備保有情報,取引先情報	供給者情報一覧表	購買担当者	収集時期	評価1週間前	課長
		評価基準と比較する							
		選定基準と比較する							
	供給者へ発注する								
	製品・サービスを受領する								
	製品・サービスを検査する								

品質面,コスト面,安全面などに関する問題点およびリスクを抽出し,これを改善する.

ステップ ⑬　改善結果のプロセス機能展開への反映

改善結果をプロセス機能展開へ反映する.

1.3.3 プロセス機能展開の実施例

次のような作業手順があった場合について,プロセス機能展開を実施してみる.

例:教育・訓練規程(一部)
1.目的
　適切な力量を持った人材を適切な時期に育成を行うために本規程を定める.
2.人材育成方針の策定
3.人材育成年度計画の策定
　(1)　要員の力量の明確化
　　　　課長は,要員の力量を明確にするため,事業計画および各部のニーズをもとに,力量項目一覧表を作成する.
　(2)　要員の力量の評価
　　　　課長は,毎年2月に力量項目一覧表に基づき要員の力量を評価し,その結果を力量評価表に記入する.
4.年度計画の実施
5.有効性評価の実施

ステップ 1　基本機能の明確化

基本機能は「1.目的」に記述されている内容であり,「適切な力量を持った人材を適切な時期に育成を行う」となるので,その結果を表1.4に示す.

表1.4　基本機能

基　本　機　能
1.目的 　適切な力量を持った人材を適切な時期に育成する

ステップ 2　一次機能への展開

一次機能は,規程における各章のタイトルが該当するので,4項目が

表 1.5　一次機能

基本機能	一次機能
1．目的 　適切な力量を持った人材を適切な時期に育成する	2．人材育成方針を策定する
	3．人材育成年度計画を策定する
	4．年度計画を実施する
	5．有効性評価を実施する

一次機能となる．その結果を表 1.5 に示す．

ステップ❸　二次機能への展開

「3．人材育成年度計画を策定する」の二次機能は，次の事項であり，これが単位作業である．その結果を表 1.6 に示す．

① 要員の力量を明確にする
② 要員の力量を評価し，記入する(注)

(注)　「記入する」も単位作業として考えられるが，評価と記入は同時に行われると考えられるので，これをまとめて単位作業とする．

表 1.6　二次機能（最終機能）

基本機能	一次機能	二次機能
1．目的 適切な力量を持った人材を適切な時期に育成する	2．人材育成方針を策定する	
	3．人材育成年度計画を策定する	（1）要員の力量を明確にする
		（2）要員の力量を評価し，記入する
	4．年度計画を実施する	
	5．有効性評価を実施する	

ステップ❹　マネジメント方法の明確化

「(2) 要員の力量の評価：課長は，毎年2月に力量項目一覧表に基

づき要員の力量を評価し，その結果を力量評価表に記入する」についての分析を行うと次のようになる．

　　課長は，　　　　　　　　⇒担当者および管理の責任者
　　毎年2月に　　　　　　　⇒監視時期
　　力量項目一覧表に基づき　⇒インプット
　　力量評価表　　　　　　　⇒アウトプット

この分析した結果を表 1.7 に示す．

表 1.7　プロセス機能展開の結果

基本機能	一次機能	二次機能	インプット	アウトプット	担当者	監視項目	監視時期	責任者
1．目的適切な力量を持った人材を適切な時期に育成する	2．人材育成方針を策定する							
	3．人材育成年度計画を策定する	(1) 要員の力量を明確にする						
		(2) 要員の力量を評価し，記入する	力量項目一覧表	力量評価表	課長	力量評価時期	毎年2月	課長
	4．年度計画を実施する							
	5．有効性評価を実施する							

以上のようにしてプロセス機能展開を行うことになる．

同様に発注プロセスの機能展開の事例を表 1.8 に示す．

なお，製造プロセスでは，QC 工程表がこのプロセス機能展開に相当する．これ以外にも設計プロセス，生産管理プロセス，購買プロセス，営業プロセス，教育・訓練プロセスなどがあるので，これらについてもプロセス機能展開を行い，効果的で効率的な日常業務のマネジメントを確立することが重要である．

表 1.8 発注プロセスの機能展開事例

基本機能	一次機能	二次機能	インプット	アウトプット	責任者	監視項目	監視時期
決められた時期までに発注業務を効果的に行う	図面を確認する	図面を確認する	図面		担当者		
		支給材料を確認する	部品表		担当者		
		材料の内容を確認する	図面	マーキング	担当者		
	予算を確認する	予算を確認する	製造指図書		担当者		
	見積りを検討する	図面へ見積りを記入する	図面	図面	担当者		
		見積り依頼をする		メール	担当者		
		見積書を受領する	見積書		担当者	受領日	随時
	価格を決める	価格交渉をする	見積書		担当者		
		価格を決定する		見積書(案)	担当者		
	発注先を決定する	発注先を承認する	見積書(案)	見積書	課長		
	発注を行う	システムへデータを投入する	購入依頼書	注文書	担当者		
		価格, 納期, 数量, 材料, 表面処理			担当者		
		注文書を送付する	注文書		担当者	送付時期	日々

1.4 プロセスの評価および改善

　私たちの組織には，顧客に製品・サービスを提供するための多くのプロセスが確立されている．これらのプロセスは，日常的にその活動状況が評価され，問題がある場合には改善されることで計画した通りの成果

を上げることができる．このため，次に示すプロセスの評価に関する考え方を十分理解しておくことが必要である．

1.4.1 プロセスの監視および測定方法

　プロセスが維持されているかどうか，または改善の余地があるかどうかを判断するためには，プロセスの成果を含む実施状況を日常的に監視または測定するために，主要パフォーマンス指標(Key Performance Indicator，以下 KPI と称す)を決定し，これらを監視または測定しなければならない．

　KPI とは，プロセスのアウトプットを評価する指標のことであり，これらの指標でプロセスの活動がうまく行われているかどうかを判断できるので，プロセスの機能を考慮して設定する(1.3 項参照)．

(1) 日常業務の定常的な評価方法

　日常業務の評価方法には，監視および測定に関するものがある．

　1) 監視

　プロセスを監視するとは，プロセスの活動結果を把握し，プロセスが決められた通りに実行されているかを評価することである．したがって，日常の業務活動では，表 1.9 に示すような日々の報告書に基づいて監視を行い，活動が計画された通りに結果が出ているかどうかを評価する．

　2) 測定

　プロセスを測定するとは，プロセスの活動結果を定量的に捉えて，プロセスが機能しているかどうかを評価することである．したがって，日常の業務活動の結果をデータ化し，KPI の測定を行い，活動が計画された通りに結果が出ているかどうかを評価する．

　なお，プロセスに関する KPI の例には，表 1.10 に示すものがある．

表 1.9　プロセス監視の方法（例）

プロセスからの情報	監 視 の 視 点
営業日報	営業日報の提出の有無，営業日報に記載されている重要事項
設備点検票	点検漏れの有無，設備点検結果における問題点発生時の処置
自己チェック表	自己チェック漏れの有無，自己チェック結果における問題発生時の処置
管理図	工程の安定状況，異常発生時の処置
管理グラフ	実績の推移状況，異常発生時の処置
品質結果グラフ	実績の推移状況，異常発生時の処置
業績グラフ	実績の推移状況，異常発生時の処置
検査記録	検査データのばらつき，不適合発生時の処置
作業日報	作業日報への記入漏れの有無，問題発生時の処置
是正処置報告書	記載事項の妥当性
その他の各種記録	記載事項の妥当性

表 1.10　プロセス別 KPI の例

プロセス	K P I
営業	受注件数，売上高，顧客満足度
設計・開発	設計ミス件数，設計工数，新製品開発件数
購買	受入製品不適合率，納期達成率
製造技術	設備稼働率，設備故障件数
生産管理	生産数，納期達成率，在庫回転率
製造	不適合製品数，不適合率
品質保証	クレーム完了時間，クレーム件数，顧客による監査の指摘件数
経理	売上高利益率
人事	力量向上率，資格取得率
総務	建物・電気設備故障件数，社会貢献額

（2） 日常業務の定期的な評価方法

定期的な業務活動には，次の事項がある．

1） 職場パトロール(監視活動)

管理者は作業者の日常業務の実施状況を確認するため，定期的に職場巡回を行い，作業者が決められた通りに作業を行っているか，作業を実施するうえで安全を含めたリスクはないか，現在問題を抱えていないかなどについて確認し，問題がある場合には適切な指導を行うことが必要である．

職場パトロールで次のような状態に気づいた場合には，そのプロセスで問題が発生しているか，発生する可能性があるかを示している．

・現場で何人かが集まっている
・現場を走っている人がいる
・重そうに製品を運んでいる
・バランスを崩しそうな作業をしている
・長い時間考え込んでいる
・お客様との対応時間が長い
・部品が床に落ちている
・ゴミ箱からゴミがはみ出ている
・製品置き場に埃がたまっている
・日付の古い製品が置かれている
・滞留製品が多い

2） 月次管理(測定活動)

月次管理では，KPIがどのような状態になっているのかを把握する．数値の羅列ではなくグラフ化を行うことで，見える化をはかり，問題を迅速に把握できる．

3) 内部監査によるプロセスの評価(監視活動)

マネジメントシステムの内部監査では，組織が定めたマネジメントシステムのプロセスが適切に運営管理されているかどうかを評価しており，このことはプロセスの監視に該当する(3.7 項参照)．

内部監査の基本は，要求事項に対する適合性評価であるが，一歩進んで改善すべき事項を提言することも重要である．

内部監査でプロセスを監視する方法は，次の通りである．

ステップ❶ プロセス機能展開または作業標準に基づいて作業が手順通り行われているかどうかを確認する．
ステップ❷ 実施している手順で現在抱えている問題はないかという質問を行う．
ステップ❸ 監査結果を記録する．
ステップ❹ 監査結果を良い点，悪い点(不適合)，改善すべき点に分類して報告書を作成する．

4) 自己評価によるプロセスの評価(監視および測定活動)

自己評価とは，マネジメントシステムのプロセスに責任を持つ管理者が，自分自身で設定した判断基準に基づいてプロセスの成熟度レベルを決定し，プロセスの能力の強み・弱みを検出するツールである．したがって，自己評価には，監視および測定が含まれる(3.8 項参照)．

自己評価のツールとして使用されているものに，ISO 9004 の自己評価，品質マネジメントシステムの自己診断システム(福丸典芳著，『品質マネジメントシステムの自己診断システム』，日本規格協会，2007 年)，JIS Q 9006(質マネジメントシステム－自己評価の指針)がある．

1.4.2 | プロセスの改善

プロセスの監視および測定の結果から KPI の状況を把握し，目標との比較を行い，問題がある場合には，改善を行う．改善の方法には，問題を解消するための修正，たとえば，監視の KPI でチェックシートに

漏れがあった場合に，内容を確認し追加してチェックを行うなどの方法がある．これ以外にも，問題の原因を追究して再発防止対策を行うための是正処置(3.1項参照)，このまま活動を行うと問題が発生する可能性があるので，事前に対策をとるという予防処置(3.2項参照)がある．

プロセスの改善を行うことが，私たちに課せられた責務であるので，日常業務のマネジメントを確実に行う必要がある．このことが，後工程を含む顧客の満足を得ることに繋がるという考え方である．

したがって，日常業務のマネジメントを継続的に行うことが，持続的成功への道に繋がるということを組織のすべての人々が認識する必要がある．

1.5 日常業務のマネジメントのポイント

日常業務のマネジメントのポイントを以下に示す．
① 仕事の質を維持・向上させる活動を継続的に行う．
② プロセス設計では，プロセス機能展開を活用し，プロセスの活動(要素)，プロセスの監視または測定に関するKPIを決める．
③ プロセス評価のためにKPIをマネジメントする．
④ プロセス評価には，日々または月次でのKPIの状況確認，職場パトロール，内部監査，および自己評価などの方法がある．
⑤ 改善が必要な場合には，是正処置，予防処置，統計的手法などの適切な改善のツールを活用する．

# 2章
事業計画のマネジメント
(Business Planning Management)

2.1 事業計画のマネジメントアプローチ

2.1.1 事業計画のマネジメントの基本的な考え方

組織は，将来にわたって存在し続けることが，社会的な観点からの責務である．なぜならば，組織が消滅することによって，顧客およびその他の利害関係者に大きな損害を与えるからである．

たとえば，顧客が購入した製品が故障した場合，組織が消滅したことで，故障修理を行うことができなくなり，顧客はその製品を廃棄せざるをえなくなって，顧客に損失を与えることになる．このような事態にならないために，トップマネジメントは，組織の目的や進むべき方向を示し，組織内のすべての要員が同じベクトルに向かって事業活動を行うように行動させることで，持続的に成功していくことができる．この持続的成功のためには，組織はミッション[注1]，ビジョン[注2]に基づいて策定された事業戦略から中長期および年度事業計画を策定し，これらの目標を達成するために，総合的にマネジメントしなければならない．

(注1) ミッション：なぜ組織が存在しているのかを示したものであり，組織の使命のことである．ミッションには，①到達すべき目標があること，②目標に進んでいく行動があること，③それらが何かに求められていることの要素を含んだものがある．
(注2) ビジョン：組織の望まれる状態，すなわち，組織がどうありたいのか，組織がその利害関係者にどのように見られたいのかを示したもの．

事業計画のマネジメントを行うための基本は，図2.1に示すように，PDCAのサイクルを回すことである．

しかし，事業は継続しているため，事業計画の策定では前年度の活動結果の分析・評価を行うことが必要である．すなわち，CAPのサイクルとなり，そのポイントを次に示す．

C：前年度の事業計画のプロセスおよび結果に関して評価し，分析する．この評価および分析においては，どのような活動が成功したのか，または失敗したのか，その成功および失敗を引き起こした組織の能力は何かを明確にする．

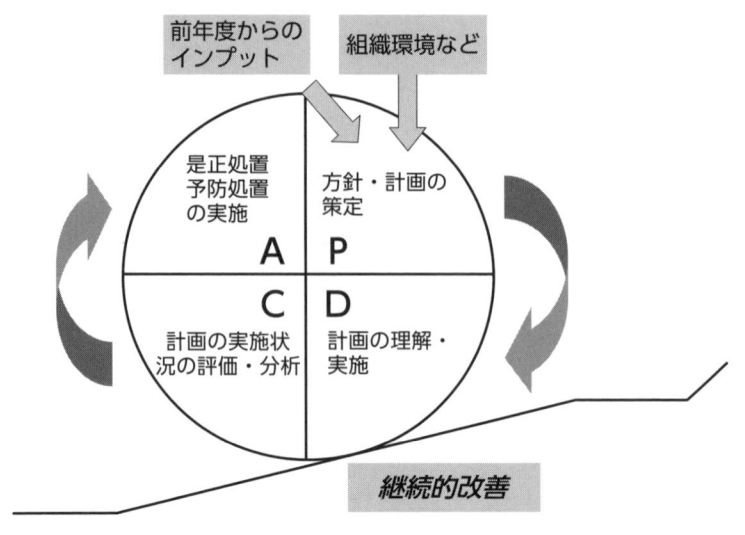

図 2.1　PDCA のサイクル

能力とは，組織が構築しているマネジメントシステムのプロセスの活動(要素)のことである．

A：チェックした結果，是正または予防すべき能力を明確にし，翌年度の事業計画にどのように反映するのかを決定する．

P：当年度の事業計画を策定する．事業計画の策定では，戦略，中長期計画との整合をはかり，事業計画を各部門，各階層に展開する．なお，展開に当たっては，前年度からのインプット，すなわち，改善すべき対象も考慮しなければならない．

事業計画の設定が終わると，これに基づいた DCA を行うことになる．

D：効果的で効率的な事業計画を遂行するためには，その内容をトップマネジメントが組織の要員に対して伝達し，理解させ，これに基づいた活動を全員で行うという，事業計画へ参画することが重要な要素となる．

　各部門，各階層で事業計画を実践することになる．

C：事業計画の目標達成の状況を確認するための KPI の傾向および方策の実施状況を定期的に把握することで，その有効性を判断し，

その中から改善すべき問題および課題を抽出する．
A：抽出された問題および課題の改善を行う．

2.1.2 | 事業計画のマネジメントプロセス

事業計画のマネジメントプロセスフローを図 2.2 に示す．

この事業計画のマネジメントプロセスにおいては，経営戦略を策定するインプットとして，ミッション・ビジョン，経営環境分析，市場・顧客分析，および製品・サービス分析から導き出される組織能力像，組織能力像をもとに実施する自己評価の結果，経営資源の配分，リスク分析がある．

策定した経営戦略に基づいて，中長期計画を策定し，これに基づいて年度事業方針を策定・展開を行い，これを実施し，この結果をレビューするという一連の活動を行う．

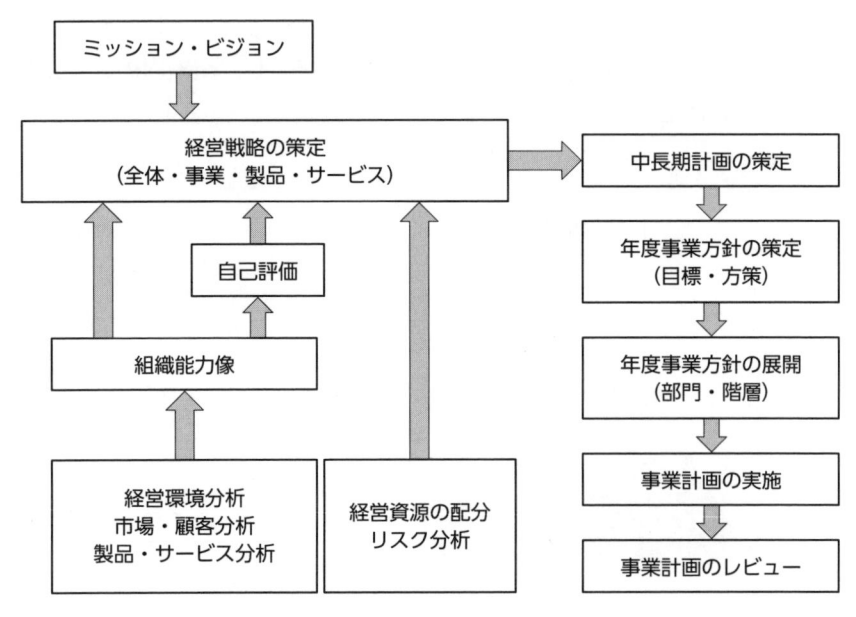

図 2.2　事業計画のマネジメントプロセスフロー

2.2　経営戦略の策定

組織は，持続的成功をはかるための経営戦略を策定する必要がある．

経営戦略には，図2.3に示すように全体戦略，事業戦略および製品・サービス戦略がある．中小組織では，全体戦略と事業戦略が同一の場合が多いので，2.3項以降では事業戦略について解説する．

なお，全体戦略とは，事業全体の方向性にかかわる方策，事業戦略とは，ある事業分野のビジョン実現のための方策，製品・サービス戦略とは，ある製品・サービス特性にかかわる方策のことである．

2.3　事業戦略の策定

2.3.1　事業領域のビジョンの策定

事業領域のビジョンは，ミッションと整合させるとともに，戦略的な目標および達成時期を明確にして，組織内へ伝達し，組織内の人々が理解しなければならない．

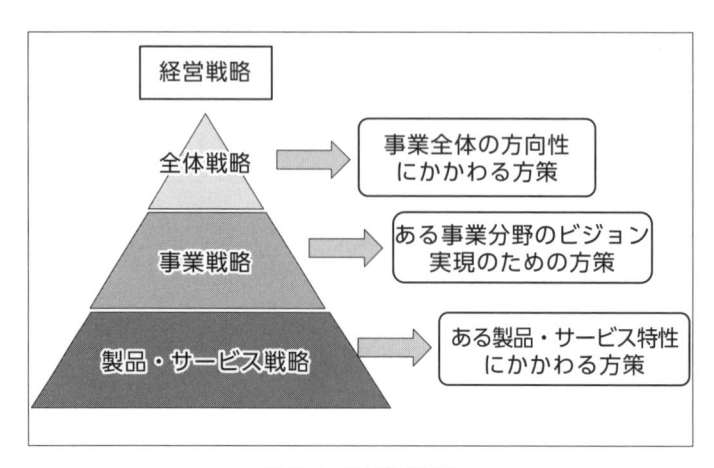

図2.3　経営戦略

たとえば，2014年までにお客様満足度No.1の企業になる，お客様の生活スタイルの価値向上のために2015年までに20店舗の開発を行う，2014年までに事業のグローバル展開を行うなどの事業ビジョンを策定することで，利害関係者に対して，組織がどこへ向かおうとしているのかを明確に示すことができる．

2.3.2 事業戦略の策定

事業領域のビジョンを実現するための方策として，事業戦略を策定する．

事業戦略とは，JIS Q 9005では次のように定義している．

JIS Q 9005の定義
組織のある一つの事業領域における，事業目的を実現するための基本的な方針・方策．

事業戦略を策定するためには，事業環境分析，市場および顧客分析，製品・サービス分析，組織能力像，経営資源の配分，リスク分析を考慮する必要がある．

（1） 事業環境分析

外部環境としてのマクロ経済，政治，社会などの動向，内部環境としての知識，技術，要員の力量などを分析し，業界全体を取り巻く事業環境を明確にするとともに，競争環境を分析し，機会および脅威を明確にする．

（2） 市場および顧客分析

市場および顧客のニーズの特徴を分析する．たとえば，提供している，または提供しようと考えている製品・サービスに対して，関東エリアにおける中年女性層のニーズの特徴を市場調査で把握し，分析を行う．

(3) 製品・サービス分析

提供する製品・サービスが，競合他社または類似製品・サービスと比較して競争優位であるために必要な特徴を分析する．たとえば，製品・サービス特性，価格，品種の数などのような要素について分析する．

(4) 組織能力像

1) 組織能力像の考え方
(1)，(2)および(3)の結果を使用して組織能力像を作成する．
JIS Q 9005 では，持続的成功を実現するために，当該事業領域における競争優位要因および事業成功要因に基づいて組織能力像を明確にすることを推奨している．
組織能力像とは，JIS Q 9005 では次のように定義している．

JIS Q 9005 の定義
競争優位であるために必要な組織の能力の全体像．

すなわち，競合他社との競争に勝つために必要な能力はどのようなものかを明示したものであり，その能力には，たとえば，モジュール設計技術，微細加工技術，シミュレーション技術，自動化技術，二者監査技術，開発から製品化までのスピード，ブランドなどがある．これらの能力を明確にすることで，効果的に事業戦略を立てることが可能になる．
事業戦略を策定する際には，将来を見通したときに，組織が現在構築しているマネジメントシステムのままで事業を行うことで成功することが可能なのか，これを改善または革新して事業を行わなければ成功しないのかを検討する必要がある．そのために，組織環境の分析の結果からどのような能力が必要となるのかを明確にする．この明確になったものが組織能力像である．
この組織能力像を明確にするための考え方を，図 2.4 および図 2.5 に示す．
図 2.4 は組織能力像を明確化する考え方を示している．

事業計画のマネジメント

図中テキスト:

- 事業領域
  - 競争優位要因 → 分析
  - 事業成功要因 → 分析
- 組織能力像の明確化
  - 目的：顧客満足を与える製品・サービスを提供することによって成功する
- 具現化 → 組織のQMSの構築

組織能力像

考慮事項
① 当該事業領域において，提供する製品・サービス群の競争力を分析する．
② 製品・サービス群を通じて顧客に提供している価値を明らかにする．
③ それらの価値を提供するために必要な能力を明確にする．
④ 組織の強みを考察し，③の能力のうち，競争優位要因の視点から重要な能力を明確にする．

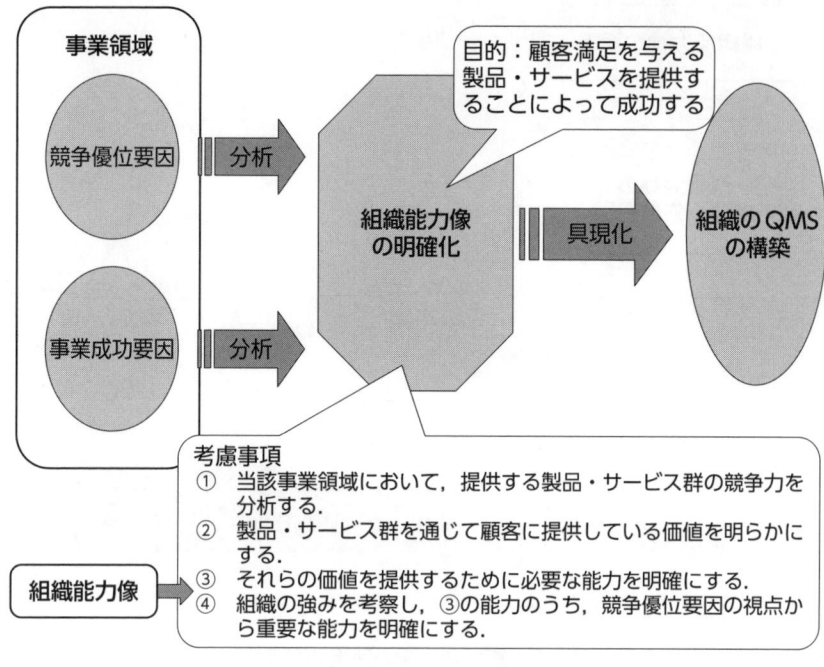

図 2.4　組織能力像の明確化の考え方

　組織は，事業を成功させるために，顧客が満足する製品・サービスを持続的に提供しなければならない．このために，成功させようと考えている事業での競争優位となる要因，および事業が成功する要因には何があるのかについて分析し，組織が保有すべき能力および成功するための道筋について"見える化"，すなわち文書化する必要がある．これらの能力を改善・革新することで，組織環境の変化に対応する組織のマネジメントシステムが構築できる．

　組織能力像の見える化にあたっては，次の事項を考慮する．

① 当該事業領域において，提供する製品・サービス群の競争力を分析する．
② 製品・サービス群を通じて顧客に提供している価値を明らかにする．
③ それらの価値を提供するために必要な能力を明確にする．

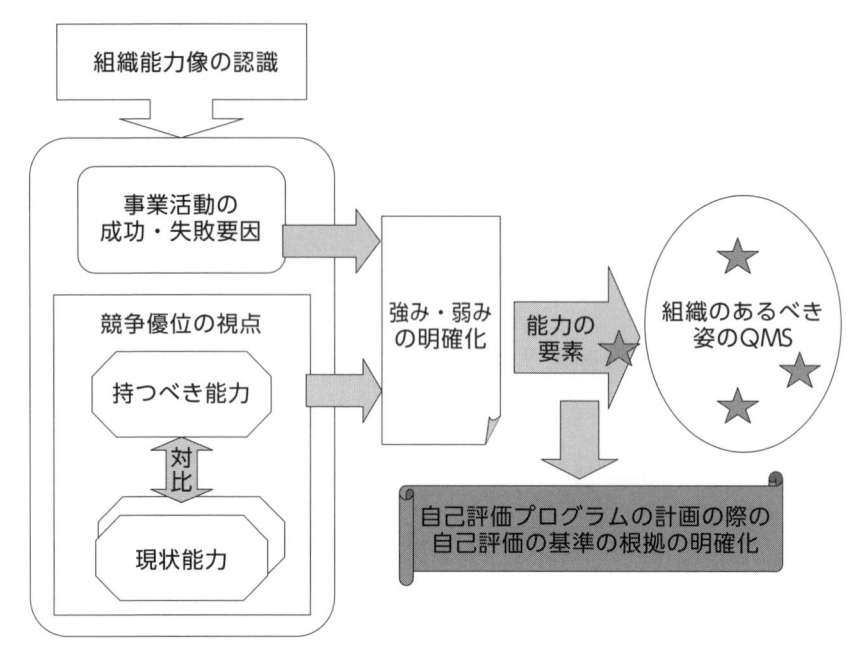

図 2.5　組織能力像の活用の考え方

④　組織の強みを考察し，③の能力のうち，競争優位要因の視点から重要な能力を明確にする．

④で明らかにされた能力の全体像が，組織能力像となる．

図 2.5 は，組織能力像の活用に関する考え方を示している．

組織能力像が文書化されることで"見える化"が促進され，関係者全員がこれを認識できるようになる．このことから，事業活動の成功・失敗要因から導かれる製品・サービス，技術，プロセス，システム，組織体制，組織文化などの強み・弱みに加え，その事業における競争優位の視点から持つべき能力と現状能力を対比することで，現状能力を評価した強み・弱みを明確にすることが可能となる．

また，構築すべきマネジメントシステムに，どのような能力を，どのような要素として埋め込むべきかがはっきりしてくる．さらに，自己評価プログラムを計画する際に，自己評価の基準の根拠がはっきりしてく

る．

　組織能力像を見える化するための手順をJIS Q 9005では次のように示している．

JIS Q 9005の定義
a) 当該事業領域において提供している，又は提供を計画している製品・サービス群を列挙する．
b) 顧客が競争市場において製品・サービスのどのような側面を認めて購入するかを分析することによって，その製品・サービス群を通じて提供すべき顧客価値を明らかにする．
c) それら顧客価値を提供するために組織がもつべき，技術，マネジメント，人，設備，財務，情報技術，知識などに関わる能力を列挙する．
d) 組織の特徴（強み・弱み）を考慮した事業成功のシナリオを考察し，c)の能力のうち，競争優位要因及び事業成功要因の視点から重要な能力としての組織能力像を特定する．

　a)では，事業領域で重要な利益の源泉となっている，または今後新たに重要な利益の源泉になると考えている製品・サービス群を決定する．製品・サービス群とは，たとえば，液晶TV，パーソナルコンピュータなどのような，ある一塊の製品・サービスのことである．したがって，家電製品というくくり方はしない．

　b)では，顧客がなぜその製品・サービスを購入するのか，すなわち，その製品・サービスにどのような価値（たとえば，価格，形状，色合い，利便性，ブランド）を感じて購入するのかについて明確にする．

　c)では，顧客価値を継続的に提供し続けるために必要な能力を明確にする．能力は具体的な表現にする必要がある．

　d)では，どのようにすれば事業が成功するのかの道筋を明確にする．この道筋をたどるためには，b)で明らかにした競争優位要因と組織の能力の特徴，現在の強み，期待される顧客価値のトレンド，および技術トレンドを考慮した事業成功要因から，c)で明らかにした能力のうち，重要な能力を特定する．

2) 組織能力像の作成ステップ

組織能力像を作成するステップおよびそのポイントを次に示す.

ステップ ①　組織能力像を作成する対象の製品・サービス群を決定する.

組織にとって重要な利益の源泉となっている，またはなる可能性のある製品・サービス群を決定する．なお，製品・サービス群は一つとは限らない．

ステップ ②　なぜその製品・サービス群が売れているのかの分析を行う.

分析の方法として，経営層を含めた管理者全員でブレーン・ストーミングを行い，売れていると思われる要素を付箋に記入する．そして，ブレーン・ストーミングの結果の例を，図 2.6 に示す新 QC 七つ道具の手法である親和図法(3.4.3 項参照)を使用してまとめる．

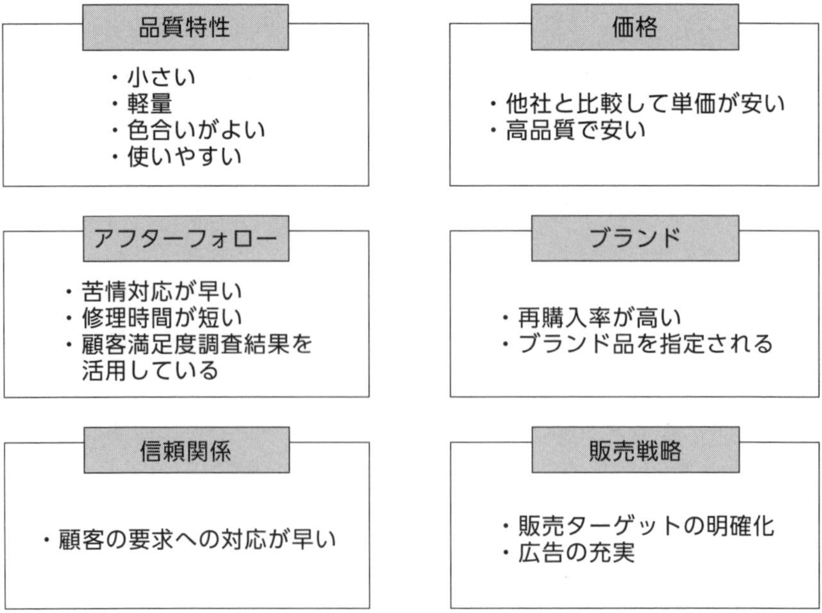

品質特性	価格
・小さい ・軽量 ・色合いがよい ・使いやすい	・他社と比較して単価が安い ・高品質で安い

アフターフォロー	ブランド
・苦情対応が早い ・修理時間が短い ・顧客満足度調査結果を活用している	・再購入率が高い ・ブランド品を指定される

信頼関係	販売戦略
・顧客の要求への対応が早い	・販売ターゲットの明確化 ・広告の充実

図 2.6　親和図の例

ステップ ③ ステップ2で明確にした要素を支えている能力を抽出する.

たとえば，次のような分析を行う.
- 顧客満足度調査が充実している⇒顧客分析力
- 小さい⇒微細加工技術，3D 技術
- 故障しない⇒信頼性技術
  ⇒部品信頼性評価設備
- 単価が安い⇒在庫回転率が低い⇒在庫管理力
  ⇒自動化率が高い⇒製造技術力
  ⇒原価管理力

ステップ ④ ステップ2で明確にした要素とステップ3で明確にした能力を表 2.1 にまとめる（能力の列挙）.

ステップ ⑤ 能力が経営指標とどのような関係があるのかを明確にする（強み・弱み）.

たとえば，次のような分析を行う.
- 顧客分析力⇒顧客満足度調査時期および回数，顧客満足度
- 微細加工技術⇒売上高，顧客要求事項への充足度合い
- 3D 技術⇒設計工数，設計ミス件数

検討したパフォーマンス指標を表 2.1 に追加して表 2.2 にまとめ，現状のデータを明確にする．データを明確にすることで，能力の強み・弱

表 2.1　要素と能力の関係

要素	能力	顧客分析力	微細加工技術	3D 技術	信頼性技術	部品信頼性評価設備
市場調査	顧客満足度調査の充実	◎				
品質特性	小さい		◎	◎		
	故障しない				◎	◎

表2.2 要素，能力，およびパフォーマンス指標の関係

要素	能力	顧客分析力	微細加工技術	3D技術	信頼性技術	部品信頼性評価設備
市場調査	顧客満足度調査の充実	◎				
品質特性	小さい		◎	◎		
品質特性	故障しない				◎	◎
パフォーマンス指標		顧客満足度調査時期および回数(年1回，10月)顧客満足度(90%)	売上高(120億円)，顧客要求事項への充足度合い(90%)	設計工数目標達成率(80%)，設計ミス件数(0.3件／100枚)	MTBF(5000H)	ヒートサイクル試験機3台

みを定量的に把握できる．

ステップ6 中長期的な事業環境分析を行う．

　ステップ6では，市場分析結果を活用する．たとえば，新興国からの低価格攻勢，代替製品の出現，納期短縮などのような事業環境が現われる可能性があることを想定する．

ステップ7 どのような方法をとれば，持続的成功を収めることができるのかについて，事業成功のシナリオを検討し，作成する．

ステップ8 そのシナリオを実行するためには，どのような能力が必要になるのかを検討する．

| ステップ ⑨ | その能力のうち，競争優位要因および事業成功要因の視点から重要な能力を抽出する |

組織能力像の事例を表 2.3 に示す．

表 2.3　組織能力像の例
(出典：JIS Q 9005)

通信販売会社のモデル
a) 当該事業領域において提供している，又は提供を計画している製品・サービス群を列挙する． 　1) 小規模オフィス向け通信販売 　　− 文房具・事務用品，書籍・ソフトウェア，食料品・日用雑貨・清涼飲料水・衣料品などを含む，全国の数十万の小規模オフィスが必要とするすべての分野にわたる商品を対象にしたトータル・オフィス・サポートサービス b) 顧客が競争市場において製品・サービスのどのような側面を認めて購入するかを分析することによって，その製品・サービス群を通じて提供すべき顧客価値を明らかにする． 　1) 品揃えの豊富さ 　　− 商品カタログを 3 か月ごとに見直し，顧客がオフィスで必要とする商品を品揃えしている 　2) 注文品を翌日に，確実に，間違いなく配達 　　− 日本全国各地に散らばる小規模オフィスからの多品種・少量の注文に対して，インターネット／FAX で 24 時間受け付け，翌日までに確実に間違いなく配達している c) それら顧客価値を提供するために組織がもつべき，技術，マネジメント，人，設備，財務，情報技術，知識などに関わる能力を列挙する． 　− オフィス備品に関する豊富な経験と知識体系 　− 代理店，メーカ，商社，運送会社などパートナーとの高度なネットワーク 　− IT を駆使した自動倉庫システムと物流システム 　− 24 時間対応のインターネット注文受付，物流センター，ロジスティクス，パートナーと共有する商品情報・クレーム情報のデータベースなどの先端設備 　− 新商品開発能力 　− 通信販売サービスのビジネスモデルを進化できる能力 　− 健全な財務体質 　− 迅速な意思決定 　− 無理，無駄，重複，非効率を排除した合理的システム構築・改善能力

d) 組織の特徴(強み・弱み)を考慮した事業成功のシナリオを考察し，c)の能力のうち，競争優位要因及び事業成功要因の視点から重要な能力としての組織能力像を特定する．
  1) 組織の特徴(強み・弱み)を考慮した"事業成功のシナリオ"
     - 他社の追随を許さない独創的な通信販売のビジネスモデルを維持し，顧客の声を聞いて顧客のために自己進化
     - バイタリティあるトップ集団のリーダーシップのもとで，パートタイマーを主体とする従業員がイキイキと働く元気ある組織体の形成，よい内部コミュニケーション
     - 数多くのパートナーと情報やシステムを共有し，よい外部コミュニケーション
     - 新規参入のカタログ通販会社を凌駕する豊富な品揃えと顧客対応スピード
     - 顧客が望むものを最もふさわしいかたちで提供する新商品・新サービスの開発など，業界内で競争優位を堅持する新しい価値の創出
  2) c)の能力のうち，競争優位要因及び事業成功要因の視点から重要な能力としての組織能力像
     - トップマネジメント層がリーダーシップを発揮した戦略，及び固定観念にとらわれないコミュニケーションのよい自由闊達な組織風土に基づき，組織的に新商品・新市場を開発し，提供し続ける能力
     - 文具に関する豊富な知識と知識体系に支えられる商品のブランド力
     - 最新のITを用いた自動倉庫システムと物流システムによる通信販売ビジネスモデルの競争力
     - カスタマーフロントにより顧客の声を深く分析し，生産性の高い高度な通信販売ビジネスモデルと商品・サービスを継続的に自己進化できる能力
     - 代理店，メーカ，商社，運送会社，コンピューターネットワーク会社などがお互いの役割を効率的に果たすために高度なネットワークを構築し，情報やシステムを共有，ムダ・重複を排除できるマーケティング・パートナーシップ

(5) 経営資源の配分

事業成功要因の特定で得られた戦略に基づき，人材，資材，予算などを含む経営資源を明確にする．

(6) リスク分析

事業環境の急激な変化によるリスクおよび提供する製品・サービスに関するリスクを特定する．リスクでは，次の事項を考慮する．
① リスクを算定し，評価する．
② リスクの評価結果に基づき，リスクへの対応方法(リスクの回避，低減，移転，および保有など)を検討し，実施する．
③ 状況の変化に応じ，リスクへの対応方法の適切性を再レビューする．

2.3.3 組織能力の自己評価

組織能力像で見える化された能力が，JIS Q 9005 で示す質マネジメントシステムの要素と関係する程度を考えて，関係が深い要素がどのような強み・弱みおよび成熟度のレベルにあるかを自己評価し，その内容から改善および革新すべき要素を抽出し，翌年度の事業計画のインプットとする．

自己評価のステップを以下に示す(3.8 項参照)．

ステップ ❶ 自己評価の管理責任者の任命

トップマネジメントが自己評価の管理責任者を指名する．管理責任者は，事業企画担当役員などのように事業運営に責任を持つ管理者が適切である．

ステップ ❷ 自己評価システムの選定および評価基準の決定

JIS Q 9006：2005 で示されている内容を検討し，適用可能な方法を選定する．これらの自己評価では，評価基準が明確になっているが，これらの基準は一般化されたものであり，適用する際には，組織の特徴を考慮して評価基準を策定する必要がある．

ステップ 3　自己評価対象のプロセスの決定

自己評価では組織のすべてのプロセスを対象とするのではなく，組織のマネジメントシステムのパフォーマンスを考慮して，問題・課題を抱えていると考えられるプロセスのみを自己評価することが効率的である．

ステップ 4　自己評価者の決定

自己評価者は，マネジメントシステムを評価するので，自己評価対象のプロセスに責任・権限を持った管理者を選定する．

ステップ 5　自己評価計画の策定

自己評価対象のプロセス，自己評価者，自己評価の時期，自己評価の結果報告などの項目についてスケジュールを策定する．

ステップ 6　自己評価の実施

計画に従って，自己評価を行い，その結果を記録する．

ステップ 7　自己評価結果の分析

自己評価者が行った結果からマネジメントシステムの強み・弱みを明確にし，改善すべき組織能力を決定する．

ステップ 8　次年度以降の事業計画への反映時期の決定

改善対象の組織能力をいつ改善するのかを組織の戦略と整合させて決定する．

以上のことをまとめると次のような考えになる．

組織能力像では，製品・サービスを通して他社との競争に勝ち残るためには，どのような能力を持つ必要があるのかを明確にしており，それらの能力の強み・弱みを考えて，どのようにすれば他社との競争に勝てるのかのストーリーが明確になっている．これらのことを考慮して，ど

のようなマネジメントシステムの能力が必要かを自己評価することになる．

2.4 中長期計画の策定

　事業戦略をもとに，中長期計画を策定する．中長期の期間は，最近の経営環境を考慮すると，一般的には中期を3年，長期を5年として考えるとよい．中長期計画では，目標および方策について明確にする．たとえば，組織にとって重要な収支計画，設備投資計画，新製品開発計画，人材開発計画などに関する目標および方策を明確にする．

　このような中長期計画を策定し，組織の要員，供給者，および株主などが，これを理解することで組織が何を考え，どのような方向に向かって活動しようとしているかを理解できるようになる．最近では，官公庁でも中長期計画を公表しているので参考にするとよい．

　しかし，中小企業では，中長期計画を策定している組織は多くはないが，持続的成功をおさめるためにも，短期的な視点だけではなく，中長期的な視点を考慮しなければ，組織として生き残ることができなくなるということを認識し，中長期計画を策定する必要がある．また，中長期計画が策定されているということは，顧客およびその他の利害関係者に対して信頼感を与えることに繋がる．

2.5 年度事業方針の策定

　中長期計画に基づいて年度事業方針を設定する．JSQCでは，方針を次のように定義している．

JSQCの定義

　トップマネジメントによって正式に表明された，組織の使命，理念及びビジョン，又は中長期経営計画の達成に関する，組織の全体的な意図及び方向付け
　　注記1　方針には，一般的に，次の三つの要素が含まれる．ただし，組織によってはこれらの一部を方針に含めず，別に定義している場合もある．

　　　　a) 重点課題
　　　　b) 目標
　　　　c) 方策
　注記2　トップマネジマントの方針を受けて，組織内の責任者が表明した方向付けを方針と呼ぶことがある．
　　　　　例：事業部長方針，支店長方針，部長方針
　注記3　特定のマネジメント領域の方針であることを示すために，修飾語を用いることがある．
　　　　　例：品質方針，環境方針

　年度事業方針は，品質，コスト，納期，環境，安全，情報セキュリティなどのマネジメントシステム要素に関して述べたものであり，トップマネジメントが中長期計画に基づいて今年度は組織の目標をどのように達成したいのかを明示したものである．
　年度事業方針の事例を表2.4に示す．

表2.4　年度事業方針の例

年 度 事 業 方 針

1．基本方針
　競争の激しい時代を乗り越え，持続的に成長する企業を目指すための改善を推進し，顧客のニーズおよび期待を満たす製品を提供することで，社会に貢献することを基本方針とする．このため，今年度は第一ステップとして，改善のための基盤づくりを行うこととする．

2．事業計画策定の背景
　A製品群は通信ネットワークの品質に影響を与えるため，最近の市場の要求として，品質がよく，信頼性が高く，価格が安いことが上げられている．一方，当社製品の購買の側面としては，高品質，信頼性およびブランドが顧客から認められている．
　通信業界では通信速度のさらなる高速化がはかられるため，A製品群の高速化および端末使用量の増加に伴う高密度化，また低価格化が今後要求されるので，競合他社に先立ってこれに適用できる製品開発および製造技術が必要となる．

3．顧客価値を提供するための能力
　基本方針を達成し，持続的な成長をはかるためには，当社にとっては次に示す能力が必要である．

（1）　事業戦略
　　中長期事業計画および当該年度事業計画が明確に示され，現状分析，顧客対応，社内状況の分析など戦略的に実施できる能力．
　（2）　マーケティング戦略
　　需要対応，流通対応，社会対応，競争相手への対処についての実行計画を全社的に審議し，内部コミュニケーションを重点的にレビューできる能力．
　（3）　商品戦略
　　技術部門を中心とした新市場開拓を行い，顧客ニーズに基づいた製品開発能力．
　（4）　製造技術
　　開発された製品について高品質を実現するための製造技術能力．

4．年度目標
　当年度は5項に示す重点施策を実施することにより，次に示す目標を設定する．

　　売上高　　●●億円
　　利益　　　△億円
　　品質　　　工程内不適合率　　対前年比20%以上の改善
　　コスト　　コスト改善率　　　対前年比10%以上の改善
　　納期　　　納期達成率　　　　100%
　　安全　　　作業事故発生件数　0件

5．目標達成のための重点施策
　目標達成の施策としては，次の事項を中心とした活動を行い，定期的にその活動状況をフォローする．
　　① 営業プロセスの改善
　　② 高速化に伴う新製品の開発
　　③ 原材料，副資材，梱包材料などの低コスト化
　　④ 段取り時間，作業能率，材料ロスなどの改善
　　⑤ 消耗品，工場消耗品などの低減
　　⑥ 管理，総務，経理プロセスの改善

2.6　年度計画の目標および方策の策定

　年度事業方針から各部門および各階層への展開をはかるため，目標および方策を設定する．目標および方策の設定では，部門間や部門内の階層間でのコミュニケーションをはかることが成功の鍵を握っているので，十分な意思疎通がはかれる体制を確立する必要がある．なぜならば，目標および方策の策定に関係する人々は利害関係者である．また，アウト

ソース先との関係も考慮する必要があるので，これらを含めてコミュニケーションをはかることが重要である．

この段階では，目標および方策を関係者に押しつけるのではなく，お互いに納得したうえで策定を行うことが事業計画を効果的に推進させることに繋がる．

2.6.1 ｜ 年度目標の策定

年度事業方針に基づいて年度目標を策定する．JIS Q 9023 では，目標を次のように定義している．

JIS Q 9023 の定義
方針又は重点課題の達成に向けた取組みにおいて，追求し，目指す到達点．

目標を策定するためには，次の事項を考慮する．

(1) KPI の設定

マネジメントの対象とすべき KPI を決定する．KPI は年度事業方針から導かれるものである．したがって，KPI を決める際には，マネジメントの目的，すなわち何のためにマネジメントをしなければならないかを考えて決める．目的を明確にすることで，KPI を決めることができる．

たとえば，マネジメントの目的が「不適合製品の発生を減少させたい」場合には，"不適合品率"または"不適合品件数"などが KPI になる．また，「要員の力量を向上させたい」場合には，"力量向上率"などが KPI になる．

経営企画部門などのスタッフ部門では，KPI を決めるのに苦労している場合があるが，全社目標を達成するために，経営企画部門としてマネジメントすべき仕事は何かを明確にして決定する必要がある．

(2) KPI の目標設定

KPI の目標は，定量的な評価ができるように数値化を行う．不適合

品率，顧客満足度，事故件数などのように年度が変わっても継続してマネジメントすべきKPIの目標値については，前年度の実績をもとに事業環境を考慮して決定する．

新たなKPIおよび目標値については，ベンチマークなどの調査結果から決定する．

なお，目標値を決める際には，次の事項を考慮する．
・顧客要求事項
・過去の品質データ
・経営方針
・市場ニーズ
・競合他社との比較
・品質保証
・法令規制要求事項　など

(3) KPIのマネジメント周期の決定

KPIの目標値の達成状況を把握し，マネジメントシステムの改善への機会を得るため，KPIの実績を定期的に評価する時期を決定する必要がある．たとえば，1日ごと，1週ごと，1月ごと，四半期ごと，半期ごとなどがある．これは，PDCAのサイクルを回す周期に該当する．

KPIおよび目標値には全社，各部門，各課，および個人のKPIおよび目標値などがあり，設定されたKPIおよび目標値については，上位職との整合をはかるため，それらの関係性を明確にする必要がある．このためには，表2.5に示すようなKPI・目標値展開表を作成するとよい．このKPI・目標値展開表でKPIおよび目標値のレビューが可能になる．

表2.5　KPI・目標値展開表の例

全社目標	製造部目標	第一製造課の目標	山田社員の目標
工程内品質ロス20%低減	工程内不適合品率10%低減	A製品組立不適合品率15%低減	A製品のはんだ付け不適合品率10%低減

2.6.2 目標達成のための方策の策定

方策とは，KPI の目標を達成するための諸活動のことであり，組織によっては施策事項などという場合もあるが，JIS Q 9023 では，方策を次のように定義している．

JIS Q 9023 の定義
目標を達成するために，選ばれる手段．

方策の策定に当たっては，次の事項を考慮する．

(1) 方策策定の展開方法

KPI の目標を達成するための手段は，新 QC 七つ道具の一つである系統図法(3.4.3 参照)を使用して展開する．手段は目標を達成するための具体的な方法が明確になるまで展開を行うことが重要である．また，「見直し」「強化」「徹底」などを方策として策定してはならない．これらの用語では，具体的にどのような活動を行うのかが不明であり，また，どのような状態になったときに方策が達成されたのかの評価を行うことができないからである．したがって，見直しを行うために何が必要なのか，強化をするために何が必要なのか，徹底するために何が必要なのかなどについて検討する必要がある．

このように，方策の検討では，系統図を使用することで"方策展開の見える化"につながり，方策の抜けや漏れを防ぐことができるとともに，方策をレビューするときに関係者全員で検討できるという利点がある．

(2) 成功した方策の抽出

過去の事業計画から成功した方策を抽出し，現在の事業環境を考慮してこれをレビューし，活用できるものについては積極的に採用する．

（3） ベンチマーキングの実施

マネジメントシステムに関する事例分析を文献調査などで行い，効果的な方策を抽出する．

（4） 方策の決定方法

系統図を使用した方策展開が完了したとしても，これらの結果はあくまでも方策の案である．これらの案から効果があるものを絞り込む必要がある．この際には，表2.6に示すように，系統図－マトリックス図を使用して方策案の評価および決定を行うと効率的である．

方策案を決定するための要素を決め，これに基づいて評価を行う．要素には，効果，効率，コスト，時間などを考慮し，判定基準を決めて評価を行い，最適な方策を決定する．

表2.6 系統図－マトリックス図

目的	方策（案）	評価項目			総合評価
		効果	コスト	時間	
アウトソース先への指導を行う	二者監査の実施	○	△	△	○
	アウトソース先への品質管理の教育	△	△	△	△
	年1回の品質会議の開催	△	○	○	△
	アウトソース先との協働の改善活動	◎	○	△	◎

（5） 方策のマネジメント方法

方策のマネジメントでは，一般的に，何をいつまでにというものが該当する場合が多いので，監視項目および目標（方策完了時期）といった内容をマネジメントすることが多い．

たとえば，第一製造課のKPIおよび目標である"A製品の組立不適

合品率15%低減"のための方策の策定は，次のようになる．
　・全社の方策：全員参加による改善活動の推進
　・製造部の方策：チーム活動による改善活動の実施
　製造部・製造第一課の方策展開の結果とマネジメント方法を表2.7に示す．

表2.7　方策展開およびマネジメント方法の例

目　的	手　段	監視項目	目標(方策完了時期)
A製品の組立不適合品率15%低減	チーム活動を確立する	チーム活動組織化の時期	2010.3
	チーム活動計画を策定する	チーム活動計画策定時期	2010.3
	チーム活動を実施する	チーム活動の実施期間	2010.4～2010.6
	対策を実施する	対策実施時期	2010.7
	標準化を行う	標準化実施時期	2010.8

2.6.3 ｜ 目標および方策に対する処置基準の設定

　事業計画の活動に関する達成状況は，目標および方策の結果で判断することになる．これを判断するためには，ある基準を決めておく必要がある．なぜならば，事業計画の活動の結果には"ばらつき"が存在しているからである．このため，次のような判断基準を設定することで効果的なマネジメントが可能になる．
　基準にはマネジメントグラフを採用するが，マネジメントグラフには，図2.7に示すように目標値と処置限界値(大きいほうである上側処置限界値，小さいほうである下側処置限界値)を記入する．処置限界値とは，処置限界の中で結果が特徴的な傾向を示さないでばらついていれば問題がない状態であり，処置限界を超えると問題と判断し，これに対する改善を行うという判断基準のことである．すなわち，処置限界値は問題発

図 2.7　マネジメントグラフの例

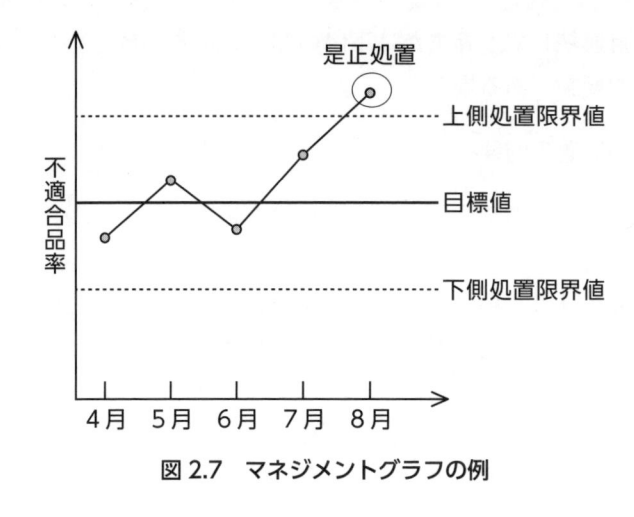

生時のアクションを起こす重要な判断基準であり，是正処置を行う根拠となる．

　上側処置限界値と下側処置限界値を設ける理由は，目標値を超えた場合には，この値が異常であると判断して原因追究するのが基本であるが，プロセスの結果にはばらつきがあり，このことを考慮した判断が必要になるので，ばらつきを許容する範囲を明確にするためである．また，プロセスの結果は，目標よりも良い方向になる場合があるので，なぜ良かったのかを分析するために処置限界値が両方必要になる．

　上側処置限界値と下側処置限界値の決め方は，一般的には過去のデータがある場合には 3σ で管理する．過去のデータがない場合には，仮の限界値を決めて，データが集まった段階で 3σ を算出し，これで管理する．3σ で管理することが効果的でない場合には，経験から算出することもある．

　また，異常の定義を決めておくことも必要である．異常の定義には次のような例がある．

(1) 是正処置の対象

・限界値を超えた場合

・3カ月連続して上昇または下降の傾向を示す場合
・周期的変動がある場合

(2) 予防処置の対象

・このままの状態を推移すると限界値を超えてしまう場合

　異常が発見された場合には，原因を追究し，それについての対策についての報告を行い，関係者でその内容をレビューすることが問題解決の早道である．
　以上の結果をもとに事業計画を策定する．事業計画には，年度事業方針，KPIおよび目標値，方策およびそのKPI，スケジュール，責任者などを明確にする．

2.7　事業計画の実施

　事業計画の内容について関係者に対する説明を行い，その実行に関する各人の役割を明確にし，認識を高めるための意識づけを行う．

(1) トップマネジメントの役割

　事業計画は，全員がこれに参画し，活動することになるので，トップマネジメントは事業計画の基本事項について，組織の人々が理解できるように，自分の意図するところについて時間を十分かけて説明を行う必要がある．これは，年度が始まる前の少なくとも1ヵ月前には完了しておくことが望ましい．なぜならば，事業計画は準備段階も含むため，12カ月で考えるべきではなく，最低でも1ヵ月前から開始するのが一般的であると考えるとよい．
　たとえば，事業計画のプロセスおよびその内容についての説明会を全社員対象に行う．事業計画のプロセスを説明する意図は，全員に対して事業計画が組織の持続的成功の源であるということを認識させるとともに，それぞれの人々の役割を明確にする機会でもある．

また，アウトソース先についても，トップマネジメントがアウトソース先と関係する事業計画について説明する機会を設けることで，マネジメントシステムの一体化を表明する．このような活動が互恵関係を生むことになる．

(2) 部門責任者の役割

部門責任者は，部門の事業計画の詳細について部門の要員に説明を行う．部門に期待されていることは何か，これにどのように応えるのかなどについて説明を行うことで，全員の事業計画達成への認識を高めることに繋がる．

また，事業計画達成のための方法として，各部門との関係や部門内の階層間の関係などについても説明を行う．さらに，事業計画実行の体制に関する責任者への意識づけも行う．

たとえば，プロジェクトチームや部門チームの運営管理体制などについて説明を行うとともに，資源の提供についても明確にする．

(3) 実施者の役割

実施者は，事業計画を理解し，自分の役割を認識し，決められた計画に基づいた活動を実施する．実施者の活動結果が，直接的に事業計画の成功，失敗に繋がり，成功すればそれなりのフィードバックが実施者自身に報われるということを考慮する必要がある．

2.8 事業計画のレビュー

(1) レビューの目的

事業計画の実施状況をレビューする目的は，トップマネジメントおよび部門責任者が事業計画の進捗状況およびその結果が望ましい状態で推移しているかを把握するために，事業計画活動の成果を含む実施状況について分析し，評価し，問題・課題を抽出し，これを改善することであ

る．

　このためには，活動状況の問題・課題の迅速なフィードバックを行うために，効果的なマネジメントを行う必要がある．このためには，KPIおよび監視項目の実績を視覚で迅速に判断できるように，グラフなどを活用して"見える化"する．

（2）　レビューの時期

　事業計画の実施状況をマネジメントするには，一般的には少なくともこれらを月1回程度分析し，評価を行う．しかし，売上高のように利益に直結する事業計画などについては，対応を迅速に行う必要があるので，10日ごとにレビューするという場合もある．いずれにしても，組織がどの時期に事業計画をレビューするかは，計画している事項や各階層での重要性の程度で決まる．このレビューでは，結果だけを考えるのではなく，どのプロセスに問題・課題があるのかを明確にすることで改善につながる．

（3）　事業計画プロセスの評価方法

　事業計画がうまく推進できているかどうかは，方策が計画通りに進んでいるかどうかを評価すれば可能であるが，必ずしも方策が目標達成に100％寄与しているとは考えられない．目標達成のために方策展開を行っているが，他動的な要因で成果が出る場合がある．たとえば，方策が進捗していないのに市場が活発になり，その結果，売上高が伸びる場合などがある．

　このような他動的な要因との関係を明らかにする評価方法を確立することが必要である．これには，目標と方策の相互関係についての評価方法を取り入れると効果的である．このことは，事業計画の策定・展開のプロセスが有効であるかどうかを評価することにつながる．

　この評価法を次に示す．

　ある部門で一つの目標（Y_1）を達成するために，策定した方策の数をNとし，策定した方策の達成率をX_i（$i = 1 \sim N$）とする．したがって，

理論的には N 個の方策の達成率がすべて 100％になれば，目標達成率は 100％になる．しかし，現実的には N 個の方策の達成率が 100％であっても，目標達成率は 100％以下または 100％以上になり得る．しかし，事業計画は定期的にレビューするため，途中段階の活動結果を評価する必要がある．これらの評価を行うために，二元表を使用した活動状況の見える化をはかると効果的である．このためには，次のような考え方で二元表を作成するとよい．

ある部門の1つの目標達成率を Y_n とする．目標達成の要因である方策を X_n とする．この方策が N 個あった場合には，X_n の方策達成率の平均値 $\overline{X}_n = \Sigma X_i / N$ を算出し，二元表にプロットする．これらの関係は理論的には $Y = X$ となり，この線よりも上部側は目標が予定よりも上回っていることを示し，下部側は目標達成率が下回っていることを示す(図 2.8 参照)．

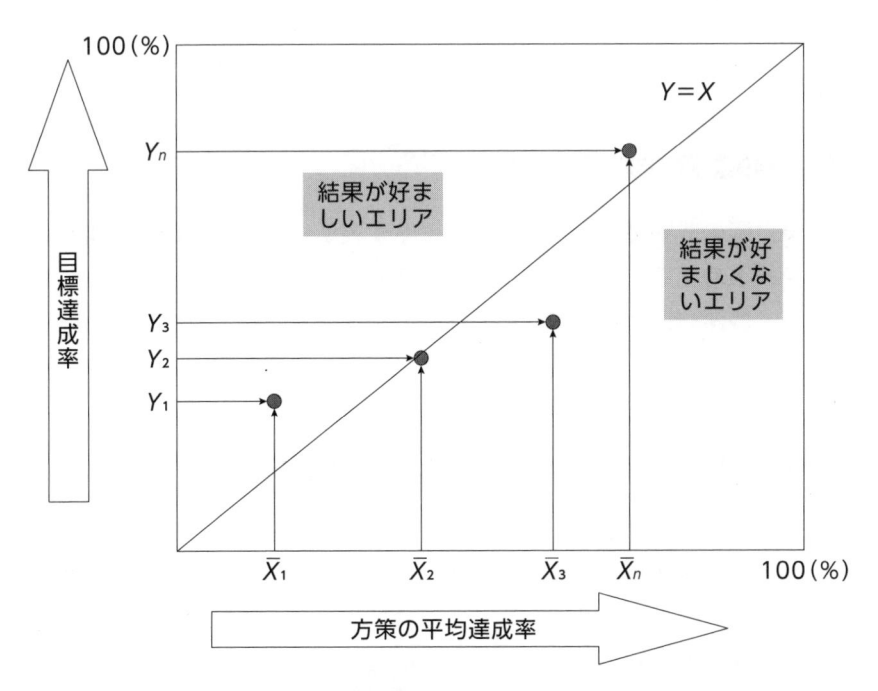

図 2.8　目標達成率と方策達成率の関係

たとえば，方策の平均達成率が 50%なのに目標達成率が 80%になる場合や 30%になる場合などがあり得る．目標達成率が 80%の場合には，実施したある方策が結果に大きく影響したのか，何もしないのに結果が良くなったのかなどについての検討が必要である．

このような方法で，事業計画の策定・展開プロセスの評価を行うことができる．

（4） 事業計画の改善

事業計画の評価結果から，問題が発生した場合には是正処置を行い，問題が発生する可能性がある場合には，予防処置を行うという改善の方法がある(3.1 節および 3.2 節参照)．

また，プロジェクト活動，チーム活動，および小集団活動などの改善組織を活用して，事業計画の目標を達成する場合もある．このような場合には，問題解決型 QC ストーリーまたは課題達成型 QC ストーリーを活用して，改善活動を行うことが効果的である(3.5 節および 3.6 節参照)．

（5） 事業計画の成熟度レベル

事業計画の成熟度レベルを図 2.9 に示す要素について自己評価することで，事業計画のマネジメントプロセスのレベルを判断できるので，改善すべき要素を抽出し，成熟度レベルの向上をはかることが持続的成功への道となる．

2.9　事業計画のマネジメントのポイント

事業計画のマネジメントのポイントを以下に示す．
① 経営戦略策定の前に，組織能力像を作成し，自己評価を実施する．組織能力像を作成し，自己評価を行うことで，各部門の責任者がマネジメントシステムの強み・弱みを認識できる．
② 経営戦略を策定し，これに基づいて中長期計画および年度事業

成熟度レベル	レベル1	レベル2	レベル3	レベル4	レベル5
要素	・目標は設定しているが方策が場当たり的である ・KPIが結果系のものが多い ・目標が未達成のものが多い ・ISO 9001に基づく内部監査を行っていない	・目標と方策の相関が一部ないものがある ・方策はあるがプロセス改善につながっていない ・目標および方策に一部未達成のものがある ・ISO 9001に基づく内部監査を行っているが形式化している	・目標と方策に相関がある ・未達成の場合改善計画に基づいた活動を行っている ・目標および方策を達成している ・マネジメントシステムに関する内部監査を行っている	・事業計画のマネジメントに基づいた活動を行っている ・経営指標が同業他社の平均以上である ・問題解決力、課題達成力を持った社員が多い ・マネジメントシステムに関する自己評価を行っている	・事業計画のマネジメント推進において改善、または継続的に行われている ・特記すべきマネジメント方式を持っており、ベンチマークされている ・経営指標が同業他社に比較しトップレベルである ・マネジメントシステムの自己評価が改善または革新に寄与している

図 2.9 事業計画のマネジメントの成熟度レベル

方針を策定するプロセスを確立する.

③ 年度事業方針は，具体的な事業目標(利益，売上，原価，品質などのKPI)と，それらを達成するための方策で示す．なお，事業目標は達成したい結果であり，方策は目標達成のための手段である．

④ 事業計画の策定に当たっては，年度事業方針に基づくとともに，前期までの実績に対する差異分析などを行い，ギャップの原因を明らかにし，それに対する処置を織り込むことが必要である．

⑤ 年度事業方針に基づき，事業計画を策定するに当たっては，目標の細分化だけでなく，その目標達成のための方策の展開を行う必要がある．

⑥ 事業計画に基づいた実施状況ならびに実施結果に対するチェックは，年度末のみでなく，必要に応じて月次で行う．この

チェックに当たっては，結果のみにとどまらず，原因系に対しても行い，仕事のプロセスに対して処置をとる必要がある．
⑦ 結果系と原因系との関係を明らかにするに当たっては，統計的方法などの活用が効果的である．
⑧ 事業計画のプロセスの評価では，目標達成率と方策達成率を考慮した評価方法を行う．
⑨ 要員の問題解決能力の向上をはかるため，部門責任者を中心として改善実践検討会を実施する．ここでは，問題解決型QCストーリーまたは課題達成型QCストーリーを活用する．

3章 プロセス改善のツール
(Tool for the process improvement)

プロセス改善のツール

　日常業務のマネジメントおよび事業計画のマネジメントには，プロセス改善を行うという仕組みが含まれている．したがって，これらのプロセス改善のためには，表3.1に示す改善のツールを理解し，実践できなければ，設定した目標を達成することができないので，関連する要員にこれらのツールに関する教育・訓練を行う必要がある．

3.1 是正処置

　是正処置は，図3.1に示すように，継続的改善を行うための活動の一つで，日常業務および事業計画でマネジメントすべきKPIの達成状況に関する問題の改善ツールである．KPIの値が目標以下になった場合には，プロセスの能力が低下したことになるので，これをもとの状態に戻す活動を行う．

　また，是正処置のメカニズムは，図3.2に示すように，P_nのプロセスのインプットを$P_1 \sim P_{n-1}$とすると，P_nのアウトプットはY_nとなり，このような状態を維持していれば正常な状態と考える．

表3.1　プロセス改善のツールと関連するマネジメントへの適用

ツール	日常業務のマネジメント	事業計画のマネジメント
3.1　是正処置	○	○
3.2　予防処置	○	○
3.3　プロセス機能展開(1.3.2参照)	○	△
3.4　統計的手法	○	○
3.5　問題解決型QCストーリー	○	○
3.6　課題達成型QCストーリー		○
3.7　ISOマネジメントシステム規格による内部監査	○	△
3.8　マネジメントシステムの成熟度評価		○

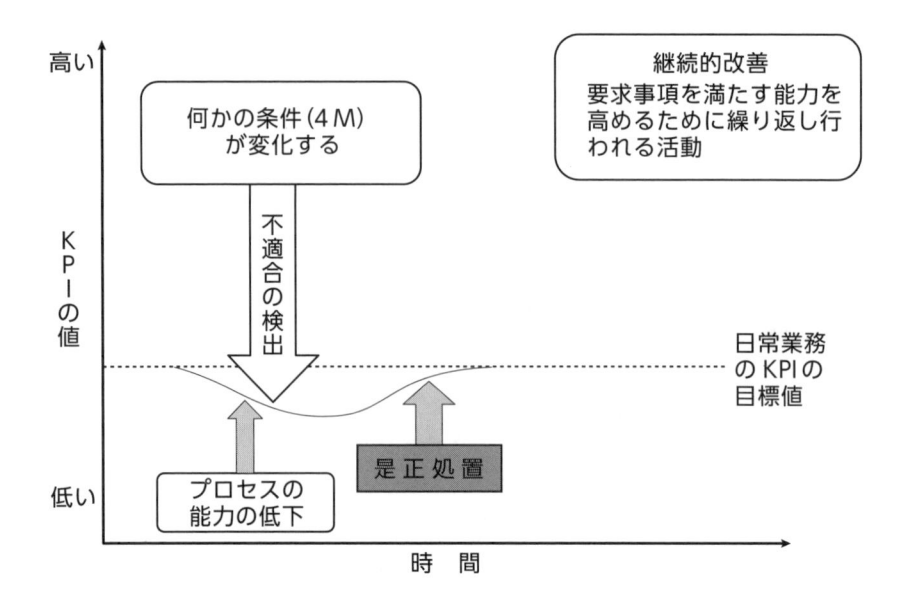

図 3.1 是正処置の考え方

図 3.2 是正処置のメカニズム

しかし，何らかの条件，たとえば，設備，人，作業方法，材料などが変化した場合には，プロセスの能力が低下し，正常な状態(目標)を維持することができなくなる場合がある．このような場合に，プロセスの能力低下となった原因(Δ)を取り除いて異常な状態から正常な状態に戻す活動を行う必要がある．このように，元の状態に能力を戻す活動を是正処置という．

是正処置は，再発防止をすることが基本目的であり，次の事項を行うことが必要である．

① 不適合を適合状態に戻す(暫定対策，修正)
発見された不適合について，現象そのものを適合した状態に修正し，問題をなくすこと．
② 不適合が再発しないような仕組みをつくる(再発防止)
不適合の真の原因を追究し，これについての対策を行い，発見された不適合の現象が二度と現われないような仕組みをつくること．
③ 決められた期間内に是正処置を完了する
発見された不適合に対して同様の不適合が発生しないように，決められた期間で改善を行うことで，再発を防ぐこと．
④ 是正処置から予防処置に繋げる
ほかの工場，製品，プロセスに対して水平展開できるものは，予防処置の一種として実行すること．

JSQCでは，是正処置を次のように定義している．

JSQC の定義

検出された不適合，又はその他の検出された望ましくない事象について，その原因を除去し，同じ製品・サービス，プロセス，システムなどにおいて，同一の原因で再び発生させないように対策をとる活動．
注記　"同じ"の定義は，組織・業種によって異なる．

この定義から，是正処置の対象は，製品・サービスだけではなく，プロセスやシステムも対象としていることがわかる．是正処置の対象の例

表 3.2 是正処置の対象の例

検出箇所	検出された不適合	その他の検出された望ましくない事象
製品・サービス	品質特性の要求事項を満たしていない.	品質特性の要求事項を満たしているが,ねらいとする値になっていない.工程能力指数が 1.1 である.
プロセス	手順通り作業が実施されていない.測定結果がプロセスの目標を達成していない.	目標は達成しているが,ぎりぎりで到達している.不適合率の目標が 0.5 % 以下,管理限界値が 0.6 % であるが,実績が 0.5 % 前後である.
システム	品質方針,品質目標を達成していない.	品質目標は達成しているが,第三者審査でシステムに関する不適合が指摘されている.

を表 3.2 に示す.

是正処置の手順は,ISO 9001 では次のように規定している.

ISO 9001 の規定

組織は,再発防止のため,不適合の原因を除去する処置をとらなければならない.是正処置は,検出された不適合のもつ影響に応じたものでなければならない.

次の事項に関する要求事項を規定するために,"文書化された手順"を確立しなければならない.

　　a）　不適合（顧客からの苦情を含む.）の内容確認
　　b）　不適合の原因の特定
　　c）　不適合の再発防止を確実にするための処置の必要性の評価
　　d）　必要な処置の決定及び実施
　　e）　とった処置の結果の記録（4.2.4 参照）
　　f）　とった是正処置の有効性のレビュー
　　注記　　f）における"とった是正処置"とは,a）〜e）のことである.

この手順に従って是正処置を行うことになるが,これは ISO 9001 の要求事項であり,これでは具体的にどのような方法で是正処置を行うかが不明確なので,次の手順で是正処置を行うとよい.

手順1　指摘事項を正しく理解する

◆不適合報告書に記載された問題の確認を行う．
◆内容が理解できない場合には，関係者に確認を行う．
◆確認を行わないで是正処置を行うと間違った対策を実施する恐れがあるので，注意が必要である．

手順2　修正（暫定処置）を行う

◆指摘された現象について，もとの正しい状態に戻すことを実施する．
◆指摘された現象が他の事例にも発生する可能性があるかどうかを検討し，調査を行い，問題がある場合には修正を行う．

手順3　指摘された問題に関して決められた作業手順をフローチャートなどで書き出す

◆組織で決められている作業手順をフローチャートで明記する．

手順3～手順7については，図3.3を使用すると効果的である．

手順4　決められた手順に実施した手順を突合させる

◆指摘された問題について，どのような作業手順で行ったのかについて確認をする．
◆確認の方法としては，手順3で作成したフローチャートに並べて

標準の作業手順	実施手順	差異分析	原因および該当プロセス	対策案	対策
標準の作業手順を記載する	実施した手順を記載する	標準の作業手順と実施した手順の差を明確にする	差についての原因を追究する 該当するプロセスを明確にする	原因に対する対策案を策定する	対策の評価結果を記載する

図3.3　是正処置の見える化フォーマット

記述する．この際に，いつ(When)，誰が(Who)，どこで(Where)，何を(What)，どのように(How)といった分析を行うと効果的である．

手順5　手順4から明確になった手順の相違点を明らかにする
◆手順3と手順4を比較して相違点を見つける．
相違点には，
① 決められた手順通り行っていない．
② 決められた手順がないので，それぞれの方法で作業をしている．
などがある．

手順6　なぜ，そのような手順で実施したのかについての原因を追究する
◆なぜなぜ分析を行う．
◆一般的には，なぜを5回も繰り返すと原因が特定できるといわれている．
◆この考え方は，図3.4に示す特性要因図から出てきている(3.4.1項参照)．

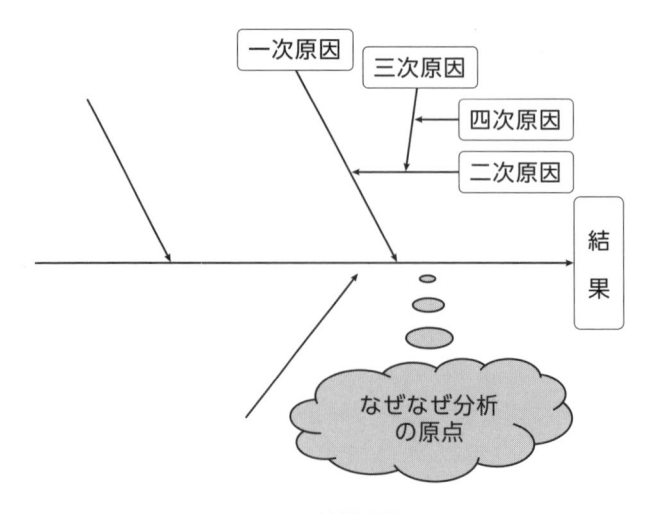

図3.4　特性要因図

なぜなぜ分析は，次のステップで行う．

ステップ❶ 原因と思われる要因を，関係者全員が付箋に記入する（10件／人程度考える）．

ステップ❷ 付箋を貼り出して主要な要因ごとに，たとえば4M(Man, Machine, Method, Material)に層別する．

ステップ❸ 主要な要因をさらに層別する．

ステップ❹ 層別した要因ごとに結果 ⇒ 一次原因 ⇒ …… ⇒ 真の原因の関係を明確にする（なぜなぜを繰り返す）．

ステップ❺ 具体的な方策案が創出できるまで追究する．

ステップ❻ 真の原因から結果にたどり着くかを検証する（問題があれば修正する）．

ステップ❼ 原因を特定する．

手順7　原因に対する対策を検討する

◆対策は，特定した原因ごとに数多く検討したほうがよい．

◆検討に当たっては，ポカヨケについて検討するとよい．

◆この時点で，対策実施時期および対策の結果についての評価時期および方法について検討を行う．

対策のチェックポイントは次の通りである．

◆原因と対策に整合性があるか．

◆対策はいくつかの方法を検討し，評価項目を明確にし，評価しているか．

◆対策の責任者および時期は明確になっているか．

◆対策は効果的かつ効率的になっているか．

◆対策は再発防止になっているか．

手順8　対策を実施する

◆計画通りに対策を実施する．

手順9　対策の評価を行う

　◆手順7で検討した評価時期および評価方法に従って評価を行い，効果があったかどうかを確認する．

　バリ不良について，是正処置の見える化フォーマットを使用した例を次に示す．

　バリ不良報告書が次のように提出された．これを見える化フォーマットで分析してみる．

（1）　不良現象
　　　A製品のバリ不良（2個/500個）10月2日製造分
（2）　不良発生・流出原因
　　　1）　発生原因
　　　　　該当する金型が摩耗していたため発生した．
　　　2）　流出原因
　　　　　・バリが検査項目になかったため，検査をしていない．
　　　　　・金型の定期確認をしていなかったため，不良を発見できなかった．
（3）　再発防止対策
　　　・検査基準書に検査項目を追加する．

この報告書には，次のような問題がある．

・発生原因としている内容は，バリが発生した状況を示しており，原因ではない．なぜ，金型が摩耗したのかの追究が浅い．

・流出原因で"バリが検査項目になかった"とあるが，なぜ検査項目になかったのかの原因の追究が浅い．

・流出原因で"金型の定期確認をしていなかった"とあるが，なぜ定期点検をしなかったのかの原因の追究が浅い．バリ不良は2個しか出ていないので，定期点検をしたとしても金型の不良は発見できていない．なぜならば，500個中2個しかバリ不良は発生していないので，矛盾がある．

・再発防止対策は原因の追究が浅いので，修正処置になっている．また，金型について対策が書かれていない．

　以上の事例に基づいて，是正処置の見える化フォーマットを用いた例を図3.5に示す．

標準の 作業手順	実施手順	差異分析	原因および 該当プロセス	対策案	評価
材料セット ↓ 成型条件の 設定 ↓ 金型のセット ↓ ためしうち ↓ ためしうち の確認 ↓ 検　査 ↓ 出　荷	材料セット ↓ 成型条件の 設定 ↓ 金型のセット ↓ ためしうち ↓ ためしうち の確認 ↓ 検　査 ↓ 出　荷	金型の確認を行っていない	金型の確認方法が決まっていない（設備点検プロセス）	金型の点検時期の標準化を行う	採用
		ためしうちでバリが発見できていない	金型が途中で摩耗したことを発見できていない（設備点検プロセス）	午前1回，午後1回，最終製品で確認を行う	採用
		検査でバリを発見していない	検査項目のレビューの仕組みがない（検査プロセス）	製造部門および品証部門合同でレビューを行う	採用

図 3.5　是正処置の見える化フォーマットの例

　この例からもわかるように，プロセスを分解することで問題点の発見を行うことが可能になる．また，問題はいくつかの要素が絡まって出ていることもわかる．

　是正処置の実施上のポイントは，次のとおりである．
・真の原因をなぜなぜ分析で追究する．
・同じ原因で再発しないような対策をとる．
・是正処置の見える化を行う．

3.2　予防処置

　予防処置は，図 3.6 に示すように，継続的改善を行うための活動の一つで，事業計画または日常業務でマネジメントすべき KPI を達成するために必要なプロセスの能力を改善するためのツールである．図 3.7 に示すように，P_n のプロセスのインプットを $P_1 \sim P_{n-1}$ とすると，P_n のアウトプットは Y_n となり，このような状態を維持していれば正常な状

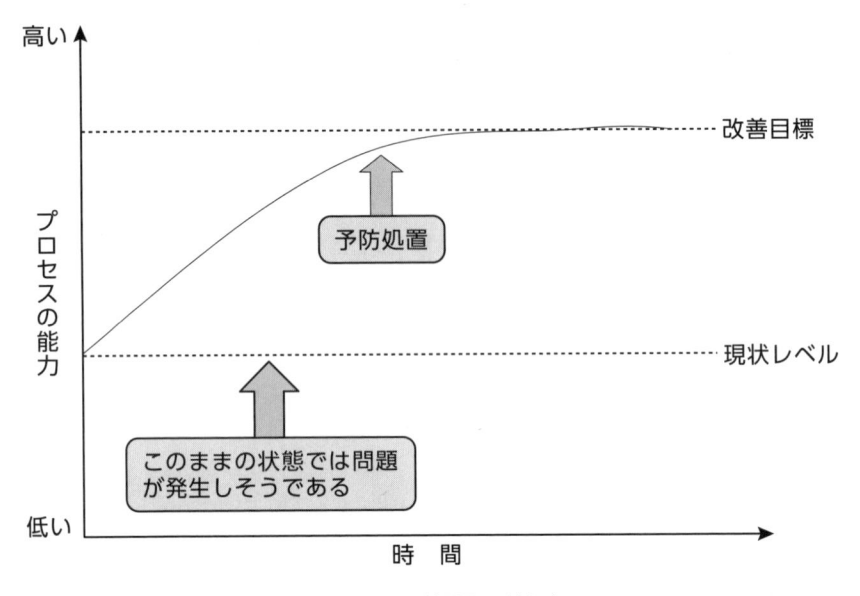

図 3.6　予防処置の考え方

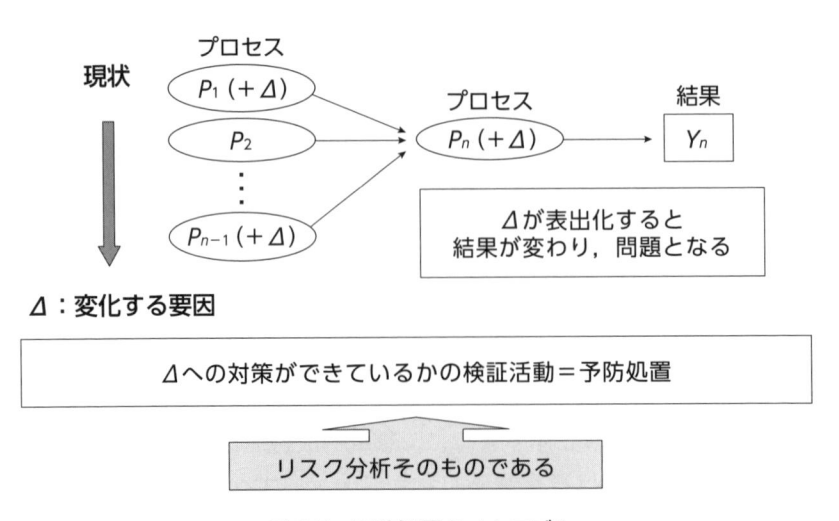

図 3.7　予防処置のメカニズム

態と考える．

　しかし，何らかの条件，たとえば，設備，人，作業方法，材料などの変化に関する情報を事前に検出できない場合には，プロセスに隠れていた問題が表出化する可能性がある．このような場合には，プロセスの能力が低下する可能性のある原因(Δ)を事前に取り除き，変化に対して頑強性があるプロセスを構築する活動を行う．このΔへの対応ができているかを検証するのが予防処置である．

　予防処置は，プロセスのパフォーマンスに関して，まだ問題は発生していないがこのままの状態を維持していると問題に発展する可能性があることについて改善するためのツール，または目標を向上させる場合にどのようにプロセスを改善するかについてのツールである．

　予防処置は，未然防止をすることが基本目的であり，次の事項を行うことが必要である．

（1）　問題発生のリスクの低減

　現状のプロセスを維持し続けた場合，事業環境が変化してもプロセスのパフォーマンスを維持できるようにプロセスの能力を事前に高めておく活動を行う．すなわち，プロセスのリスク分析を行うことになる．

（2）　プロセスの能力を高める

　事業計画で目標を高めたことで，現在構築しているプロセスの能力を高めるための活動を行う．
　JSQCでは，予防処置を次のように定義している．

> **JSQCの定義**
> 活動・作業の実施にともなって発生すると予想される問題を，あらかじめ計画段階で洗い出し，それに対する対策を講じておく活動．

　この定義からもわかるように，予防処置の対象は，製品・サービスはもちろんのこと，プロセスやシステムを対象としていることがわかる．定義の"あらかじめ計画した段階"には，新しいプロセスを設計する場

表 3.3　予防処置の対象の例

検出箇所	予想される問題
製品・サービス	製品を組み立てる際に，作業者が部品の向きを間違える可能性があるので，部品の向きを一定方向に合わせる設計を行う． 顧客が間違って製品を動作させる可能性があるので，間違ったらブザーを鳴らす設計にする．
プロセス	作業のチェックを行う場合，作業者によってチェックする方法が異なる可能性があるので，チェック方法を決める． 作業中断が発生する可能性があるので，作業中断時および作業再開時の方法を決める． 1ℓの容器で5回材料を投入する手順では，投入回数を間違う場合があるので，5ℓの容器で1回材料を投入する手順にする．
システム	Aプロセスからのフィードバックが漏れる可能性があるので，監視項目を設定する．

合とプロセスのレビューを行う場合とがある．予防処置の対象の例を表3.3に示す．

予防処置の手順については，ISO 9001 では次のように規定している．

ISO 9001 の規定

組織は，起こり得る不適合が発生することを防止するために，その原因を除去する処置を決めなければならない．予防処置は，起こり得る問題の影響に応じたものでなければならない．

次の事項に関する要求事項を規定するために，"文書化された手順"を確立しなければならない．

　　a)　起こり得る不適合及びその原因の特定
　　b)　不適合の発生を予防するための処置の必要性の評価
　　c)　必要な処置の決定及び実施
　　d)　とった処置の結果の記録(4.2.4 参照)
　　e)　とった予防処置の有効性のレビュー
　注記 e) における"とった予防処置"とは，a)〜d) のことである．

この手順に従って予防処置を行うことになるが，これは ISO 9001 の要求事項であり，具体的にどのような方法で予防処置を行うかが不明確

標準の作業手順	不具合モード	リスク評価	原因	対策案	対策評価
単位作業を時系列に記載する	単位作業の不具合モードを記入する	不具合モードのリスク評価を行う	リスクの高い不具合モードの原因を追究する	対策案を策定する	対策案の評価を行う

図 3.8　予防処置の見える化フォーマット

なので，次の手順で予防処置を行うとよい．

この際，図 3.8 に示す予防処置の見える化フォーマットを使用すると効果的である．

手順 1　標準の作業手順の抽出

改善対象のプロセスの単位作業を時系列に記述する．または，新たなプロセスについての単位作業を時系列に記述する．

手順 2　不具合モード（作業ミス）を抽出する

単位作業ごとに不具合モードを抽出する．

不具合モードの例には次のようなものがある．

- ・転記ミスをする
- ・部品の向きを間違える
- ・測定方法を間違える
- ・回数を間違える
- ・チェックシートの記載ミスをする
- ・記録を間違える　など

手順 3　不具合モード（作業ミス）のリスク評価を行う

不具合モードごとにリスク評価を行う．

リスク評価項目の例を次に示す．

- ・発生度：不具合モードが発生する頻度
- ・影響度：次工程に与える影響度

・重要度：品質，コスト，納期，安全，環境などに関係する重要度

個別に算出したリスク評価項目の結果から，総合リスクを以下のように算出する．

$$総合リスク＝発生度×影響度×重要度$$

手順4 総合リスクの高い不具合モードを抽出する

手順5 総合リスクの高い不具合モード（作業ミス）の原因を特定する

手順6 対策案を策定し，評価する

手順7 対策を実施する

手順8 対策の効果の確認を行う

手順9 予防処置活動の評価を行う

部品入庫について，予防処置の見える化フォーマットを使用した例を図3.9に示す．

予防処置の実施上のポイントは，次の通りである．
- プロセスの順序と関連する組織または人を明確にすること
- 不具合モードは多く抽出すること
- リスク評価項目は発生頻度，影響度，検出難易度などを考慮すること
- 予防処置案の作成に当たっては，フールプルーフの考え方を考慮すること

3.3 プロセス機能展開

プロセス機能展開については，1.3.2項を参照する．

The Management

プロセス改善のツール

作業標準	不具合モード	①発生頻度	②発見の難易度	③クレームに繋がる影響の度合い	総合評価	原因	対策
製品を受領する	・伝票と製品が違ったものを受領してしまう	3	2	1	6		
	・受領伝票を失くす	1	1	1	1		
	・受領個数を間違う	3	3	2	18	・伝票の数と現品の数の照合方法を決めていない ・数を数え間違う	・照合時に伝票へマーキングする ・流れている量を平準化する ・数え方の手順をつくる
	・受領日を間違う	1	3	1	3		
製品の状態を確認する	・ラベルの貼り間違いを見落とす	2	3	3	18	・ラベルを確認していない	・受領時に伝票を声を出して読み,ラベルをチェックし,伝票にマーキングする
	・受領した物の良否を確認しない	2	3	1	6		
	・破損(異常)を見落とす	1	1	1	1		

図 3.9 予防処置の見える化フォーマットの例

3.4 統計的手法

　日常業務および事業計画のマネジメントでは,統計的手法を活用することで,KPI の推移からプロセスの能力を把握し,プロセスを改善するタイミングを見つけ出すことが可能となる.プロセスの改善活動に使用されるツールとしては,よく使用されるのが QC 七つ道具,新 QC 七つ道具,検定・推定,実験計画法などである.ここでは,基本的な考え方と使用方法について簡単に解説する.詳細は,参考文献を参照する

とよい.

3.4.1 ｜ QC 七つ道具

QC 七つ道具とは，パレート図，グラフ，チェックシート，特性要因図，散布図，ヒストグラム，管理図のことをいう．以下に，その概要を示す．

(1) パレート図

パレート図とは，ミス，手直し，クレームや事故などの件数，または損失金額などを現象や原因別に分類してデータをとり，データの多い順に棒グラフで示し，累積曲線で結んだ図のことである(図 3.10 参照).

1) パレート図の特徴
　・問題の大きさの順位が一目でわかる
　・どの項目がもっとも重要かがわかる
　・ある項目が全体に占める割合がわかる
　・複雑な計算を必要としないで簡単に作成できる

2) パレート図の作り方
手順1　問題点の層別による分類項目の決定の後，データを収集する.
手順2　分類項目ごとにデータを集計する.
手順3　データの大きい順に並び替えを行う.
手順4　データの累積数の計算を行う.
手順5　累積比率の計算を行う.
手順6　棒グラフを作成する.
手順7　折れ線グラフを作成する.

3) パレート図活用のポイント
　・特性は悪さ加減にする.

プロセス改善のツール

No	不良項目	件数	累計件数	累積比率
1	すりきず	208	208	40.6
2	仕上げ不良	103	311	60.7
3	厚さ不良	94	405	79.1
4	異物混入	56	461	90.0
5	形状不良	29	490	95.7
6	その他	22	512	100.0
	合　計	512	512	100.0

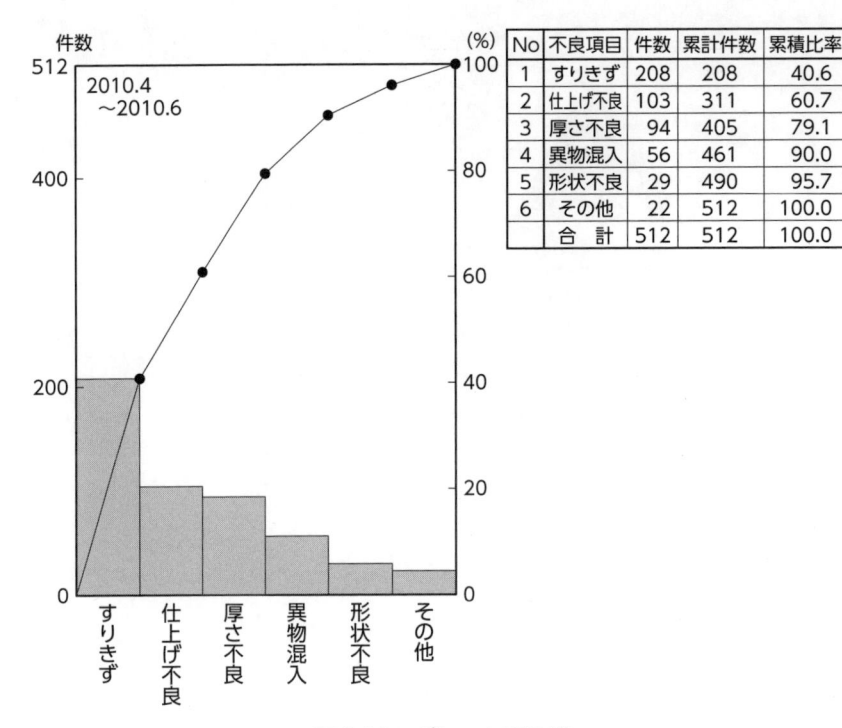

図 3.10　パレート図の例

・分類項目に原因，現象を混在させない．
・分類項目は現象別でなく原因別とする．
・要因別に層別する．
・その他の項目が多い場合は分類を見直す．
・特性要因図との関係を明確にする．

(2)　グラフ

　グラフとは，データを一目でわかるように図示したものである（図3.11 参照）．

1)　グラフの特徴
　　・データが一目でわかる．

売上高

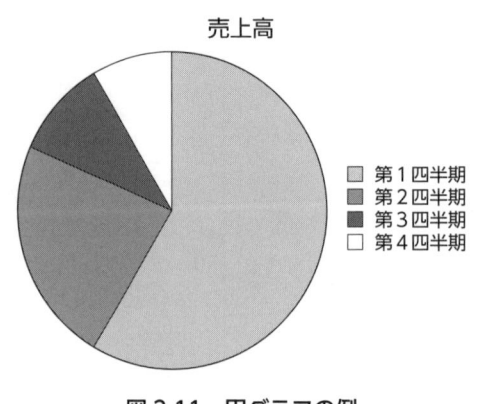

凡例:
- 第1四半期
- 第2四半期
- 第3四半期
- 第4四半期

図 3.11　円グラフの例

- 多くの情報を要約できる．
- 多くの情報を正確に伝えることができる．

2) グラフの種類
- 棒グラフ
- 折れ線グラフ
- 円グラフ
- 帯グラフ
- レーダーチャート
- Zグラフ

3) グラフの活用のポイント
- 目的・用途を明確にする．
- 見やすいように横と縦のバランスを考慮する．

(3) チェックシート

チェックシートとは，データが簡単にとれ，そのデータを整理しやすいようにしたシート，または点検・確認項目が漏れなくチェックできるように，あらかじめ設計してあるシートのことである(図3.12参照)．

担当者名	担当設備	月		火		水		木		金		合計	
		AM	PM	AM	PM	AM	PM	AM	PM	AM	PM	AM	PM
山田	1号機												
	2号機												
	3号機												
斎藤	4号機												
	5号機												
	6号機												

図3.12　チェックシートの例

1) **チェックシートの特徴**
   ・調査用と点検用のチェックシートがある．
   ・データが簡単にとれる．
   ・データを整理しやすい．
   ・点検・確認項目の漏れがない．
   ・誰でも簡単に使える．

2) **チェックシートの作り方**
   手順1　データをとる目的を明確化する．
   手順2　チェック項目を決定する．
   手順3　層別が可能となるようにシートを作成する．

3) **チェックシートの活用のポイント**
   ・層別が可能となるように作成する（図3.12参照）．
   ・チェック項目に漏れがないようにする．
   ・簡単にチェックできるようにする．

（4） 特性要因図

特性要因図とは，一つの結果（特性）が，いろいろな要因が複雑に絡み合って発生している様子を図形化したものであり，魚の骨ともいわれる（図 3.13 参照）．

1） 特性要因図の特徴
- 特性と要因の関係が一目でわかる．
- 原因と結果の関係が明確になる．
- 全員の知識を集めて要因を整理できる．
- 全員の認識を合わせることができる．

2） 特性要因図作成の手順
手順1 特性を設定する．
手順2 特性を右に書く．
手順3 要因を抽出する．

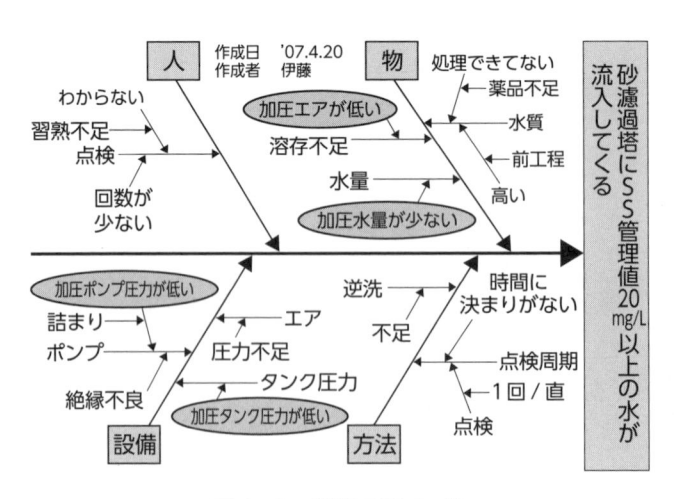

図 3.13 特性要因図の例

（出典：日産自動車㈱「グリーンベレーサークル」，『QC サークル』誌 2010 年 3 月号体験事例 3，日本科学技術連盟）

手順4 特性に影響する要因を大骨にする.
手順5 大骨から孫骨へ展開する.
手順6 特性要因図を作成する.
 出来上がった特性要因図を見直して,原因と結果に関連性があるか,ほかに要因が漏れていないかなどについて検討する.漏れている場合は追加する.
手順7 重要要因の絞り込みを行う.
 作成した特性要因図から全員で真の原因を検討する.データで検証できれば作成した特性要因図にデータを書き込む.このデータ数が一番多いのが真の原因である.しかし,データがない場合は全員でこれだと思う原因を,多数決などの方法で抽出する.このような方法で抽出されたものが,真の原因である.この原因について対策を検討することになる.

3) 特性要因図の活用のポイント

・原因と結果の論理性がある.
 原因と結果に矛盾がないことが重要である.
・原因は基本的にはプロセスに存在する
 人が真の原因とすることは避けること.問題は品質を悪くしているシステムであることを認識する必要がある.
・真の原因は「なぜなぜ」の繰り返しで追究する.
 特性要因図で真の原因を追究できれば効果的な対策が策定でき問題を解決できるので,真の原因にたどり着くまで,十分検討することが重要となる.
・人の意見を非難しない.
 要因を検討するに当たっては,ブレーン・ストーミングで行うことが基本である.したがって,数多くの意見が必要であるので人の意見は非難してはならない.
・関係者の参画で作成する.
 問題に関係する人々で作成することで,数多くの要因を抽出する

ことができる．したがって，問題を発生させたプロセスは，数多くの人々との繋がりがあることを認識する必要がある．

・特性要因図作成の経験を繰り返す．
　作成の経験を積むことが大切である．何回も経験することによって，作成のコツがわかるので，1回作成してうまくできないからといって，使えないと判断しない．何事もトレーニングが重要である．

・職場で活用する．
　作成した特性要因図は，職場に掲示して気がついたときに要因を書き込んでいくことが重要である．すなわち，一度作成した特性要因図のレビューを行うことになる．このような使い方を行うことが特性要因図を使いこなすことに繋がる．

（5）散布図

散布図とは，対応する2種類のデータについて，その散らばり具合を図示したものである（図 3.14 参照）．

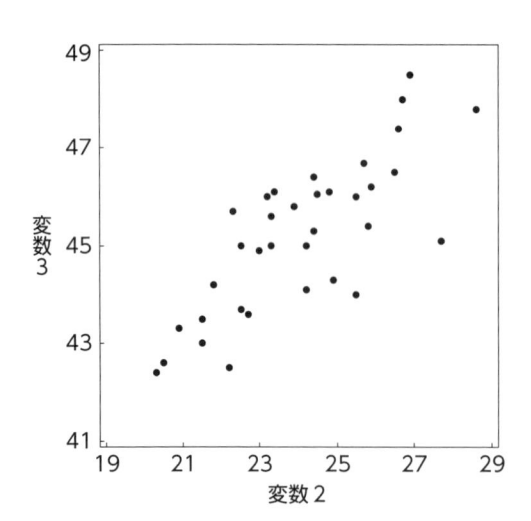

項　目	横　軸	縦　軸
変数番号	2	3
変数名	変数2	変数3
データ数	34	34
最小値	20.3	42.4
最大値	28.6	48.5
平均値	24.03	45.16
標準偏差	2.116	1.587
相関係数	0.785	

図 3.14　散布図の例

1) 散布図の特徴

- 対応する2種類のデータの関係がわかる．
- 特性と要因，特性と特性，要因と要因の関係がわかる．
- 相関係数で2種類のデータの関係の強さがわかる．
- 寄与率で特性と要因の関係の強さがわかる．

2) 散布図の作り方

手順1 対応する2種類のデータを集める．
手順2 対応する2種類のデータのそれぞれの最大値と最小値を求める．
手順3 縦軸と横軸を記入する．
手順4 データを打点する．
手順5 異常値の有無の検討を行う．

3) 散布図の活用のポイント

- データの数を考慮する．データの数は30個以上あるとよい．
- 分布を正しく判断する．
- 異常値の処置を行う．異常値の原因がわかった場合には，異常値のデータを除外して作成し直す．
- 要因別に層別する．
- X軸とY軸の長さを同じにして，正しい判断が下せるように見やすくする．

(6) ヒストグラム

ヒストグラムとは，データの存在する範囲をいくつかの区間に分け，各区間に入るデータの度数を数えて度数表を作り，これを図にしたものである（図3.15参照）．

1) ヒストグラムの特徴

- 分布の形がわかる．

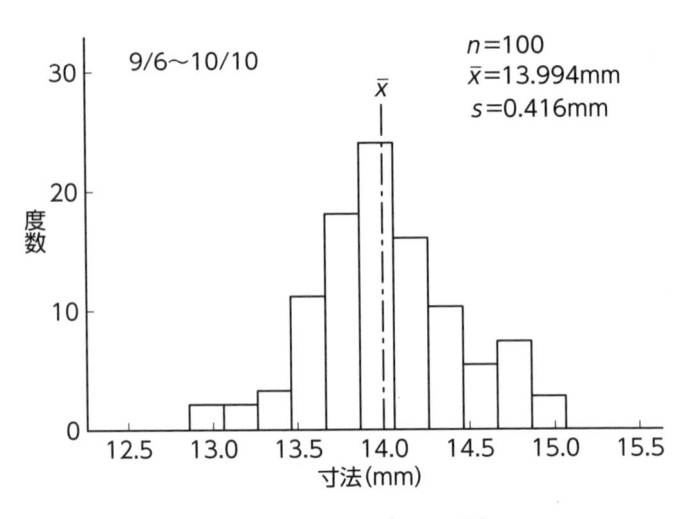

図3.15 ヒストグラムの例

- 平均値がわかる．
- ばらつきの大きさがわかる．
- 規格値からのはずれがわかる．

2) ヒストグラムの作り方
手順1 データを集める．
手順2 データから最大値と最小値を求める．
手順3 区間の数を決める．
手順4 区間の幅を決める．
手順5 区間の境界値を決める．
手順6 区間の中心値を決める．
手順7 データの度数を数える．
手順8 グラフ用紙に縦軸・横軸を書く．
手順9 度数の棒を書く．
手順10 平均値や規格値の位置を記入する．

3) ヒストグラムの活用のポイント

- データの数を考慮する．データの数は 100 個以上あるとよい．
- 異常値の処置を行う．異常値の原因がわかった場合には，異常値のデータを除外して作成し直す．
- 要因別に層別する．
- 工程能力指数を算出する．
- ヒストグラムの形で特徴を判断する．
- 管理図と併用して使うことで解析力が向上する．

(7) 管理図

管理図とは，偶然原因と異常原因によるばらつきを区別する働きを持ったグラフの一種であり，横軸が時間軸，縦軸が管理特性を示し，管理限界線を持っている(図 3.16 参照)．

1) 管理図の特徴

- 異常原因と偶然原因によるばらつきがわかる．
- プロセスの状況が一目でわかる．

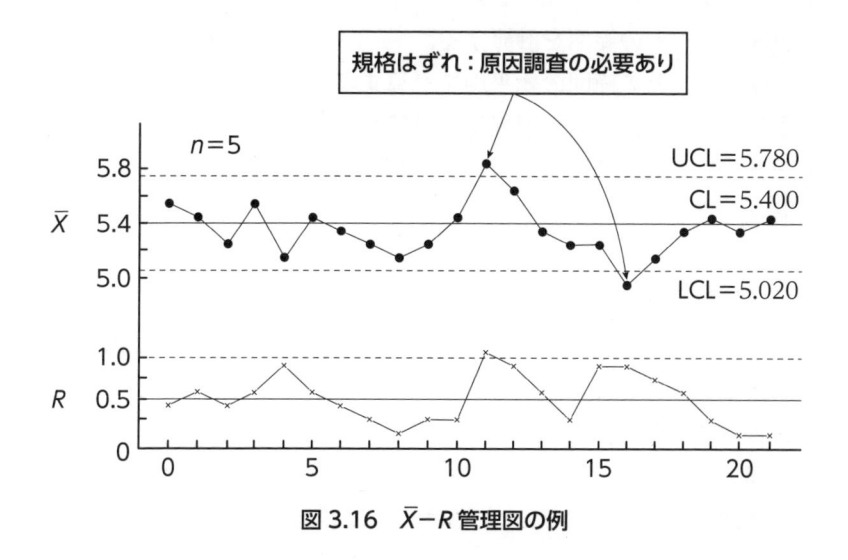

図 3.16 $\bar{X}-R$ 管理図の例

- 群内変動（R 管理図）と群間変動（$\bar{X}$ 管理図）がわかる．
- 計数値と計量値のデータに活用できる．

2） 管理図の種類
　① 計量値
　　・$\bar{X}-R$ 管理図
　　・$\bar{X}-R_s$ 管理図　など
　② 計数値
　　・np 管理図　…　不良個数の管理図
　　・p 管理図　…　不良率の管理図
　　・c 管理図　…　欠点数の管理図
　　・u 管理図　…　単位当たりの欠点数の管理図

3） $\bar{X}-R$ 管理図の作り方
手順1　データを収集する．
手順2　データの群分けを行う．
手順3　群ごとの平均値を計算する．
手順4　総平均値を計算する．
手順5　群ごとの範囲を計算する．
手順6　群ごとの範囲の総平均を計算する．
手順7　$\bar{X}$ 管理図の管理限界線を計算する．
手順8　R 管理図の管理限界線を計算する．
手順9　管理図を作成する．

4） 管理図の見方
管理図では，次の傾向があった場合には，プロセスが安定状態ではないと判断し，改善を行う．
　・管理はずれ
　・連
　・傾向

- 管理限界線への接近
- 中心線への接近
- 周期

5) 管理図の活用のポイント
- 群の大きさおよび群の数を考慮する．
- 異常値の処置を行う．
- 要因別に層別する．
- 管理図の見方を理解する．
- ヒストグラムと併用して使う．

3.4.2 QC七つ道具を活用したプロセスの監視または測定

　製品の製造およびサービスの提供におけるプロセスをマネジメントするためには，プロセスが常に安定した状態になるような仕組みを構築し，これをグラフや管理図で監視することが必要である．このような活動を，一般的に工程管理と称している．JIS Z 8101-2 では，工程管理を次のように定義している．

JIS Z 8101-2 の定義
工程の出力である製品又はサービスの特性のばらつきを低減し，維持する活動．その活動過程で，工程の改善，標準化，および技術蓄積を進めていく．

　製品・サービスの製造工程のマネジメントを行うには，データを並べるだけでは迅速な判断を下すことは困難である．このため，誰でもすぐ判断がつくように，グラフや管理図を使用することが効果的である．
　プロセスは，1.4項に示したように，監視および測定し，問題が発生した場合には，該当するプロセスの要素を改善することが必要である．このように，監視および測定するための項目を一般的には管理項目という．JIS Q 9023 では，管理項目を次のように定義している．

> **JIS Q 9023 の定義**
> 目標の達成を管理するために評価尺度として選定した項目.

　しかし，本書ではこれを KPI と定義している．KPI には，1.4 項で記述したように，測定および監視のためのものがある．たとえば，監視のための KPI には，回転数，清掃回数などがあり，測定のための KPI には，製品・サービスの品質（重量，寸法，応答率，不良率，応答時間など），作業工数，生産量／日などがある．

　これらの KPI を監視または測定することで，製造工程が安定状態となっているかどうかを把握することが可能になる．安定状態とは，点が異常な動きをしていない状態，目標を達成していない状態をいう．

　製造工程の状態を評価する指標として，工程能力指数がある．JIS Z 8101-2 では，工程能力および工程能力指数を次のように定義している.

> **JIS Z 8101-2 の定義**
>
> 工程能力
> 安定した工程の持つ特定の成果に対する合理的に到達可能な工程変動を表す統計的測度．通常は工程のアウトプットである品質特性を対象とし，品質特性の分布が正規分布であるとみなされるとき，平均値±3σで表すことが多いが，6σで表すこともある．また，ヒストグラム，グラフ，管理図などによって図示することもある．工程能力を表すために主として時間的順序で品質特性の観測値を打点した図を工程能力図という．
>
> 工程能力指数
> 特性の規定された公差を工程能力（6σ）で除した値．
> 備考　製品規格が片側にしかない場合，平均値と規格値の隔たりを3σで除した値で表現することもある．

　製造工程の状態を評価するためには，工程能力指数（C_p）およびかたよりのある C_{pk} を算出して，製造工程が安定した状態か，または問題が発生しているのかについて判断をする必要がある．この評価するための基準を表 3.4 に示す．

　製造工程の安定状態とは，製造工程の運営管理の結果が目標を達成し

表 3.4　工程能力指数による判断基準

C_p, C_{pk} の値	工程能力の評価
C_p, $C_{pk} \geq 1.33$	工程能力は十分にある
$1.0 \leq C_p$, $C_{pk} < 1.33$	工程能力はあるが，工程管理をしっかり行うことが必要
C_p, $C_{pk} < 1.0$	工程能力は不十分，改善が必要

ており，異常原因によるばらつきではなく，偶然原因のみによるばらつきが存在している状態である．すなわち，製造工程に系統的な変化がなければ，この製造工程は"統計的管理状態"にあるといえる．

このことは，管理図を考えると理解できる．管理図における安定状態とは，品質特性が管理限界内にあり，点の並び方にクセがない状態で推移していることを示している．このような状態を維持するために，4Mの変化を察知し，事前に対応をしておくことが必要な活動である．このような活動が予防処置活動になる．

3.4.3　新 QC 七つ道具

新 QC 七つ道具には，連関図法，系統図法，マトリックス図法，親和図法，PDPC (Process Decision Program Chart)法，アローダイヤグラム法，マトリックス・データ解析法がある．その概要を以下に示す．

(1) 連関図法

連関図法とは，原因－結果や目的－手段が複雑に絡み合っている場合に，連関図を用い，これらの相互の関係を明らかにすることによって，原因を探索し，目的を達成するための手段を展開するための手法である（図 3.17 参照）．

連関図法は，原因追究を行う場合などに活用する．

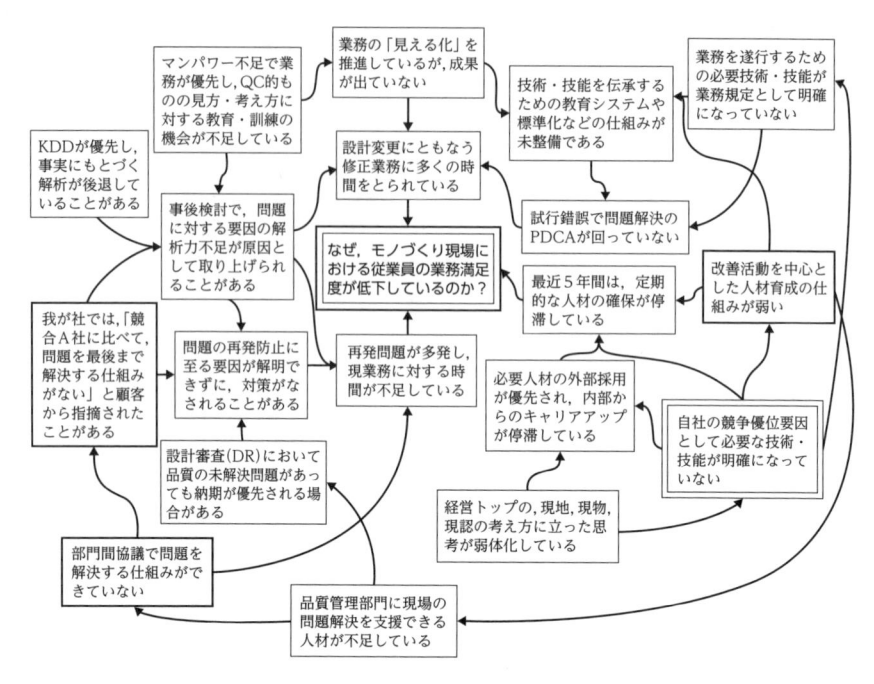

図 3.17　連関図法の例
(出典：棟近雅彦監修，猪原正守著，『JUSE-StatWorks による新 QC 七つ道具入門』，日科技連出版社，2007)

（2） 系統図法

　系統図法とは，漠然とした問題(事象)に一覧性を与えて問題の重点を明確にする場合，および目的・目標を達成するための最適な手段・方策を追究していく方法である(図 1.5 参照).

　系統図法は，事業計画などの目標展開や方策展開，プロセス分析を行う場合などに活用する.

（3） マトリックス図法

　マトリックス図法とは，問題としている事象の中から，対になる要素を見つけ出し，これをそれぞれ行と列に配列し，その交点に各要素の関連を表わし，この交点を着想のポイントとすることによって，問題解決

プロセス改善のツール

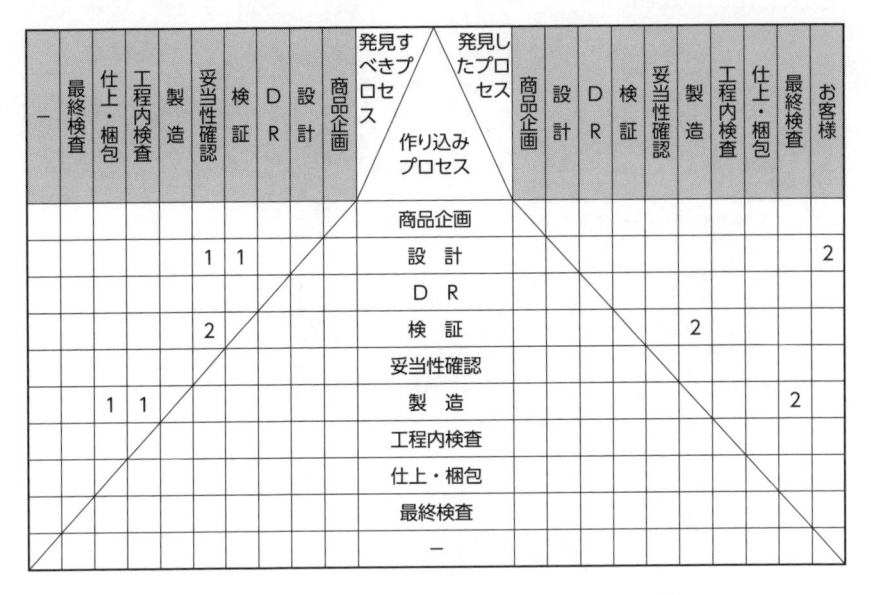

	最終検査	仕上・梱包	工程内検査	製造	妥当性確認	検証	DR	設計	商品企画	発見すべきプロセス / 作り込みプロセス / 発見したプロセス	商品企画	設計	DR	検証	妥当性確認	製造	工程内検査	仕上・梱包	最終検査	お客様
ー										商品企画										
			1		1					設計										2
										DR										
				2						検証					2					
										妥当性確認										
	1	1								製造						2				
										工程内検査										
										仕上・梱包										
										最終検査										
										ー										

図 3.18 クレーム分析のT型マトリックス図の例

を効果的に進めるための図法のことである(図 3.18 参照).

マトリックス図法は,事業計画などの方策を選定,クレーム分析を行う場合などに活用する.

(4) 親和図法

親和図法とは,未来・将来の問題,未知・未経験の問題など,はっきりしていない問題について,事実,意見,発想を言語データで捉え,それらの相互の親和性によって統合する図法のことである(図 2.6 参照).

親和図法は,事業戦略などを検討する場合に活用する.

(5) PDPC 法

PDPC 法とは,事実の進展が,時間とともに不確実に推移し,いろいろな結果が想定される問題について,事態の推移を予測し,望ましい結果に至るような対策をあらかじめ考えておくという手法である(図 3.19 参照).

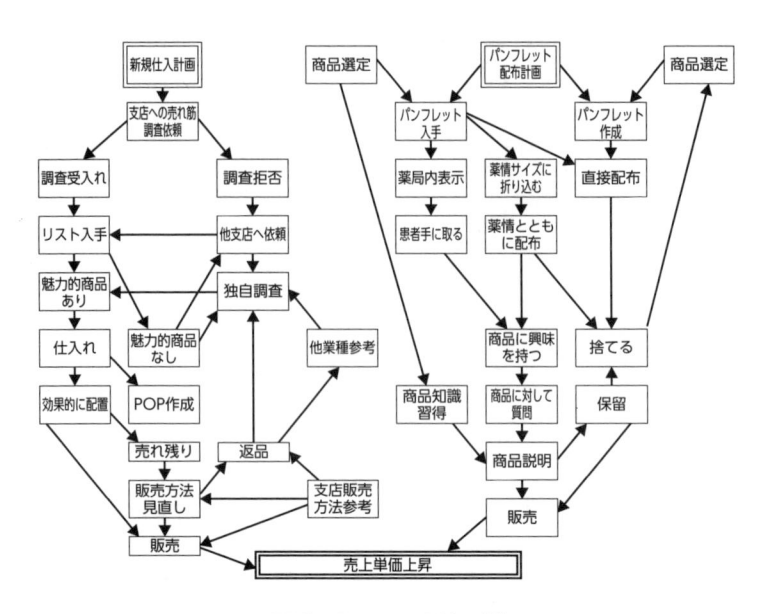

図 3.19　PDPC 法の例
(出典：㈱望星薬局「彩香 3 ヶ月サークル」,『QC サークル』誌 2008 年 8 月号 体験事例 1, 日本科学技術連盟)

　PDPC 法は，不測の事態が想定される問題に対して，事前に対応できるように対策の道筋をつけておく場合などに活用する．

(6) アローダイヤグラム法

　アローダイヤグラム法は，仕事の前後関係を明確にして仕事の結合点に順序を示し，それを矢線で結ぶ図法のことである(図 3.20 参照)．
　アローダイヤグラム法は，プロジェクトを対象とした日程の計画と管理を行う際などに活用する．

(7) マトリックス・データ解析法

　マトリックス・データ解析法とは，多数の評価尺度または特性を，相互の関係を手がかりにして，少数の代表的な評価尺度に集約し，それをグラフにまとめることにより，サンプル間の差を明確にするなど全体を

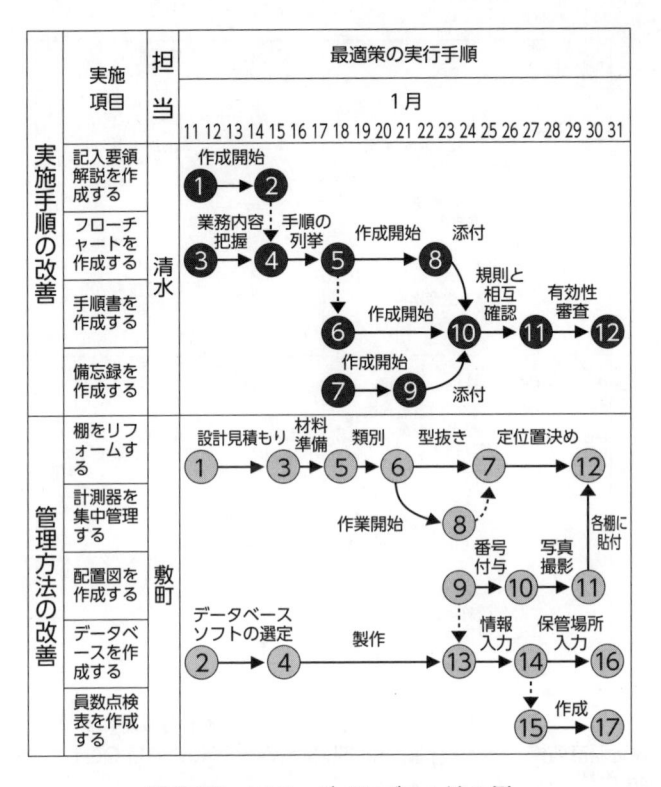

図 3.20　アローダイヤグラム法の例
（出典：航空自衛隊第 2 航空団「Key Point サークル」，『QC サークル』誌 2006 年 5 月号　特集，日本科学技術連盟）

見通しよく整理し，問題解決の糸口を見つける手法である（図 3.21 参照）．

マトリックス・データ解析法は，企業分析，市場や商品の分析・アンケート分析などで活用する．

3.4.4 検定・推定

日常業務および事業計画のマネジメントである決定を行う際に，ときとして KKD（勘，経験，度胸）によって判断している人がいる．しかし，

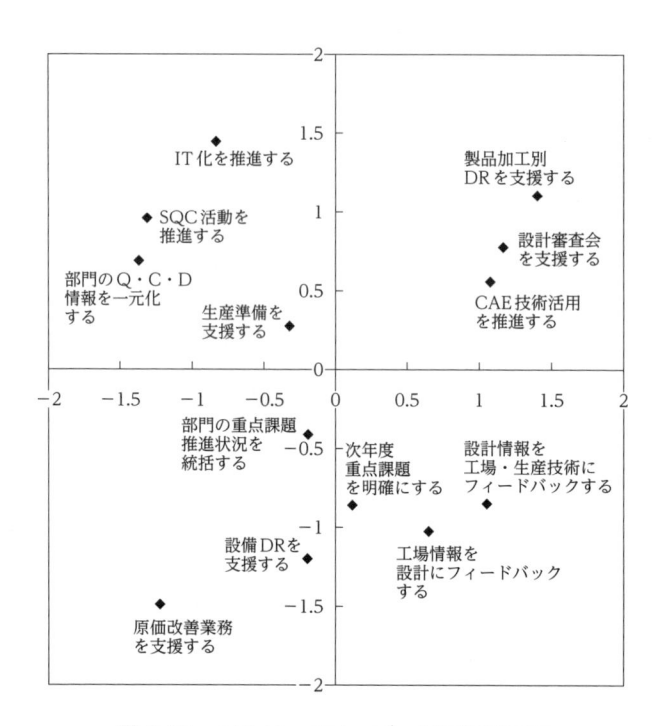

図 3.21 マトリックス・データ解析法の例
(出典:棟近雅彦監修,猪原正守著,『JUSE-StatWorks による新 QC 七つ道具入門』,日科技連出版社,2007)

　これでは事実を正しくつかまないで判断を下してしまうので,良い結果を得ることができない.

　たとえば,改善前の製品重量の平均が 10.5g であり,製品重量の平均を低減するための改善活動を行った結果,10.2g となった.これだけで改善後は改善前に比べて平均重量が低減できたといってよいであろうか? 見た目には減ってはいるが,ばらつきを考慮しないで判断すると間違った判断を下す場合がある.そのため,データに基づいて統計的手法を応用し,客観的に判断しようとする方法が検定・推定である.

　検定とは,母集団の母平均が「ある値(基準値)と等しいとみなしてよいか」を,サンプルに照らして統計的に判断することである.

　帰無仮説を棄却し,対立仮説を支持するか,または帰無仮説を棄却し

ないかを観測値に基づいて決めるための統計的手続きであり，その手続きは，帰無仮説が成立しているにもかかわらず，棄却する確率がα以下になるように決められる．このαを"有意水準"という．

　母平均や母標準偏差などを定量的に知りたい場合には，推定という手段により推測することができる．

　推定とは，標本がとられた母集団に関する統計モデルとして用いられる確率分布のパラメータに対して，観測値に基づいて値を与える操作のことであり，この操作の結果は，点推定の場合には単一の数値で，区間推定の場合には区間を用いて表示される．

　「母平均は，○○という値である」というように，1つの値で推測する方法を点推定といい，「母平均は，○○～○○の区間内の値である」というように，区間で示す方法を区間推定という．

3.4.5 ｜ 実験計画法

　実験計画法とは，統計的な手法を用い，合理的に実験を計画し，経済的に精度よくデータを分析できるような実験を設計することをいう．実験計画法には，一元配置，二元配置，三元配置，直交配列表を用いる実験など，いろいろな形式があり，実験によって得られたデータを使って，分散分析による解析を行う．

　プロセスの制御因子の条件を求めたい場合などに活用する．

3.5　問題解決型 QC ストーリー

　問題解決型 QC ストーリーは，事業計画で策定した，質，コスト，納期，環境，および安全などに関する KPI の目標を達成するための改善活動で活用する場合が多い．また，小集団活動などでも活用されている．

　以下に，問題解決型 QC ストーリーの基本的なステップとそのチェックポイントを示す．

ステップ ① テーマの選定とその理由

1) 改善すべき問題，目的をはっきりさせる
    - なぜ，この問題を取り上げたのか．
    - どのような特性(品質，コスト，納期，環境，安全など)を問題とするのか．
    - そのテーマは，改善の優先順位が一番高いのか．
    - 対象とするプロセスや母集団は明確か．

2) 改善のために必要な供給者を含む関係部門などの協力体制はできているか
    - 上司の承認は得ているか．
    - 供給者を含む関係部門のリソースについて協力は得ているか．
    - 改善のための組織体制(チーム，プロジェクトなど)を考慮しているか．
    - 必要な経費は確保できるか．

ステップ ② 現状把握と目標設定

1) 現状のKPIの状況は，把握できているか
    - 過去のデータはあるか．
    - データの履歴(サンプリング方法，測定方法，5W1H)などはわかっているか．
    - 今までのプロセスの活動状況(作業標準，作業日報など)を調べたか．
    - ヒストグラム，グラフ，管理図，パレート図などで"見える化"しているか．
    - 特性値(寸法，重量，時間などに関する指標)は明確か．

2) 目標は明確になっているか
    - 目標達成時期は決まっているか．

・期待効果はどの程度をねらっているか．

ステップ ❸　解　析

1) 特性要因図の作り方はよいか
　・原因と結果の意味がはっきりしているか．
　・アクションのとれるものととれないものは区別されているか．
　・関係者多数の参画で作成したか．

2) 検証のためのデータを集めたか
　・対応のあるデータが集められているか．
　・データの履歴はわかっているか．
　・特性要因図の中の重要な要因で層別してあるか．

3) 統計的手法の使用方法および解析結果の検討はよいか
　・適切な統計的手法を使用しているか．
　・データの解析の仕方はよいか．
　・結果の解釈は固有技術的観点から見て妥当であるか．

4) 固有技術面からの検討はよいか
　・現場はよく調べたか．
　・現場のリーダーの意見を聞いたか．
　・スタッフの意見を聞いたか．
　・関係する文献，規格，標準などを調べたか．

ステップ ❹　対　策

1) 対策の内容は明確か
　・対策の内容と解析結果の関係は整合しているか．
　・再発防止対策か，単なる修正処置かの区別は明確か．
　・対策案は一つではなくいくつかを比較検討したか．

2) 対策の実施計画書を作成したか
- 対策の実施責任者は決まっているか．
- 関係部門との調整は行ったか．
- 対策案の試行時期を決めているか．

ステップ 5　効果の確認

効果の確認は行ったか
- 実施評価の基準（効果および時期）は明確か．
- 効果は，対策前後が比較できるような特性になっているか．
- 効果は予測と合っているか．
- 本実施の時期を決めているか．

ステップ 6　歯止め

歯止め（標準化）を実施したか
- 監視・測定時期および KPI は明確か．
- KPI は管理図で管理するのか．
- 作業標準などの標準類の作成または改訂を行ったか．
- 標準類の作成・改訂内容について作業者へ教育・訓練を行ったか．

ステップ 7　反省と残された課題

1) 対策事項の内容についてのレビューを行ったか
- 対策を行わなかった場合，その理由を明確にし，再度調査・解析する必要性を検討したか．
- 再度今回の対策を進めるか．
- レビューの結果の記録を残しているか．

2) 問題解決の手順の進め方の反省は行ったか
- 勘，経験，度胸だけで対策を実施したりしなかったか．
- 特性要因図のみで対策立案しなかったか．
- 実験を行った場合の進め方は効率的だったか．

3) 次の問題解決のテーマは明確か
- ・残された課題は，明確になっているか．
- ・テーマとして一応完結と判断するか．
- ・次のテーマは決定しているか．

3.6 課題達成型 QC ストーリー

　課題達成型 QC ストーリーは，事業計画で策定した革新に関する事項，たとえば，マネジメントシステムの変革，すなわち新しい，より高い業績レベルへの移行，既存分野の技術およびノウハウなどが活用できない新しい分野についてのシステム構築，技術的にみてとても実現不可能であり，夢にすぎないと思っているニーズを実現し，満足を越えて感動を与える開発など，課題を達成するために活用する．
　以下に，課題解決型 QC ストーリーの基本的なステップを示す．

ステップ 1　経営方針の認識

1)　上位職位とのコミュニケーション
経営環境，情報の共有化，意見のすり合わせを行う．

2)　経営方針設定の背景の理解
方針設定の経緯，活動のねらいを明確にする．

3)　達成すべき目標のレベルの確認
ニーズの強さ，緊急度などを決定する．

4)　活用可能な経営資源ならびに期限の確認

ステップ 2　課題の設定

1)　社内・社外の関連情報(市場・品質・コストなど)収集と動向分析
周辺情報の収集，手法を使った分析を行う．

2) 課題の列挙
発想を豊かにして課題を抽出する．

3) 経営方針に対する効果予測
課題を達成することで，経営方針にどのように寄与するかを予測する．

4) 課題の評価と絞り込み
検討した課題を評価し，絞り込みを行う．

5) 目標の設定
課題を達成するために必要な目標を設定する．

ステップ ③ 方策の立案・選定

1) 関連する既存システムのレベル把握
現在運営管理しているシステムの成熟度を把握する．

2) ハードル／ギャップの把握と攻め所の設定
課題と現在のシステムの成熟度レベルのギャップ分析を行い，改善・革新のポイントを設定する．

3) 攻め所に基づく（多面的な）方策の列挙
改善・革新のポイントから，ベンチマークなどの結果から課題達成のための方策を検討する．

4) 問題解決・課題達成のアプローチ法の吟味
効果的な解決アプローチの方法を検討する．

5) 評価項目設定（悪影響に対する評価も含む）と効果予測の確認
方策の評価項目を検討し，その効果の予測を検討する．

6） 方策評価と絞り込み（複数可）
評価項目ごとに方策の評価を行い，方策の絞り込みを行う．

ステップ 4　成功シナリオの追究

1） 障害の洗い出しとその対応策の追究
方策を実施するための，阻害要因および対応策を追究する．

2） 方策実現のためのシナリオの立案
方策を実現するためのプロセス（道筋）を何種類か検討する．

3） シナリオの評価
評価項目を設定し，検討したプロセスを評価し，決定する．

4） 実施計画の立案
方策，時間，組織への展開をはかる．

ステップ 5　シナリオの実施

1） 経営資源（人，物，金，情報など），組織化
経営資源の手配，組織体制の整備を行う．

2） 実　施
方策実現を行うために，PDCA を回す．

ステップ 6　効果の確認

1） 目標と実績の対比
効果の確認を行うために，目標と実績の差異分析を行う．

2） 活動プロセスの実施状況の評価
改善・革新活動のプロセスの有効性を評価する．

ステップ 7　定常業務への移行

1）　定常業務としての取り扱う組織の明確化

新規システムを運営管理するための組織を明確にする．

2）　標準化と管理の定着

新規システムの日常業務のマネジメントを行う．

ステップ 8　今後の対応

1）　未対応，未解決の部分の整理

改善・革新活動のプロセスで残された問題について整理を行う．

2）　問題の認識とその解決

残された問題を明確にし，その対応を行う．

3.7　ISO マネジメントシステム規格による内部監査

　ISO マネジメントシステム規格には，組織が構築した品質，環境，情報セキュリティ，労働安全などの該当するマネジメントシステムについて，内部監査を行うことが要求事項として規定されている．このため，これらの内部監査では，該当するマネジメントシステムの活動状況が決められた通りに実施されているかどうかを，内部監査員が内部監査計画に従って調査し，問題があればこれを改善するという活動を行っている．
　したがって，内部監査の活動が定期的にプロセスを監視していることに繋がっている．ただし，内部監査はプロセスの活動すべてを調査しているわけではなく，サンプリングで行われていることに注意する必要がある．
　なお，内部監査は，図 3.22 に示すように，決められた手順および手順書に基づいて実施した仕事を監査基準として，監査証拠を仕事の結果から収集し，監査基準と証拠を照合し，その結果を監査報告書として記

プロセス改善のツール

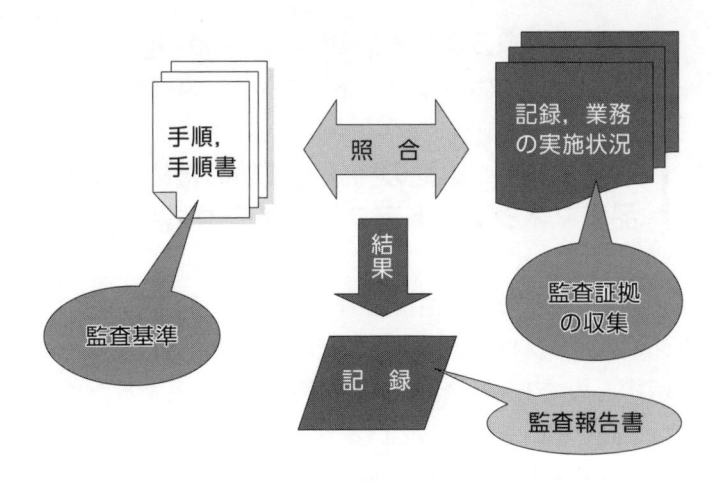

図 3.22 内部監査の仕組み

録する仕組みである．監査基準通りに作業が行われていなかった事実が検出された場合には，これを不適合として，修正および是正処置を行う（3.1 項参照）．

3.8 マネジメントシステムの成熟度評価

マネジメントシステムの活動状況を評価するため，3.7 項の内部監査を採用する場合があるが，すべての組織が ISO マネジメントシステム規格を適用しているわけではない．したがって，これに代わるものとして成熟度レベルを評価するための自己評価がある．

自己評価とは，組織のマネジメントシステムに関してある基準と比較して，現行のマネジメントシステムの成熟度レベルを評価し，その中で強み・弱みを抽出するツールである．自己評価の結果から，必要な改善および革新を実施することになる．

自己評価の種類には，次のようなものがある．
　① ISO 9004：組織の持続的成功のための運営管理－品質マネジメントアプローチの附属書 A
　② 品質マネジメントシステムの自己診断システム（超 ISO 企業研

究会編,福丸典芳著,日本規格協会,2007年)
③ JIS Q 9006:質マネジメントシステム－自己評価の指針

3.8.1 ISO 9004:組織の持続的成功のための運営管理－品質マネジメントアプローチの附属書Aの概要

ISO 9004は,複雑で,過酷な,刻々と変化する環境の中で,組織が品質マネジメントアプローチによって持続的成功を達成するための支援の手引を示すものであり,組織の成熟度をレビューするための重要なツールとして自己評価を推奨している.

なお,この自己評価は,リーダーシップ,戦略,マネジメントシステム,資源およびプロセスを網羅し,その強み・弱みおよび改善および/または革新の機会を特定するためのものである.

自己評価は,組織のパフォーマンスおよびマネジメントシステムの成熟度について総合的に判断できる.また,自己評価は,改善および/または革新を必要とする領域を特定し,改善および/または革新を行うという行動の優先順位の決定に役立つことができる.

自己評価の成熟度モデルは,図3.23に示すように,5段階となっている.

自己評価には,組織の行動および組織の現在のパフォーマンスの全体像を把握するために,トップマネジメントが行う主要要素の自己評価と,組織の業務運営責任者およびプロセスオーナが実施する自己評価があり,それぞれに成熟度レベルの基準が提示されている.

この自己評価は,次のステップで実施する.

ステップ❶ 自己評価の範囲,すなわち組織の部門および次のような評価の種類を決定する.
- 主要要素の自己評価
- ISO 9004に基づく各箇条に対する自己評価
- 付加的もしくは個別の基準またはレベルを取り入れた,ISO 9004に基づく各箇条に対する自己評価

主要要素	持続的成功に至る成熟度レベル				
	レベル1	レベル2	レベル3	レベル4	レベル5
要素1	基準1 基本レベル				基準1 ベストプラクティス
要素2	基準2 基本レベル				基準2 ベストプラクティス
要素3	基準3 基本レベル				基準3 ベストプラクティス

図3.23 成熟度レベルに関連する自己評価の要素および基準の一般モデル

ステップ❷ 誰が自己評価に責任をもつのか,およびいつ自己評価を実施するのかを決定する.

ステップ❸ 自己評価をどのように実施するのか,チーム(部門横断的またはその他の適切なチーム)によるのか個人によるのかを決定する.自己評価の推進助言者を任命することにより,このプロセスを支援することができる.

ステップ❹ 組織の個々のプロセスの成熟度レベルを特定する.これは,組織の現在の状況と表に記載されている例との比較を,レベル1から始め,すでに実施されている要素に印を付け,より高い成熟度レベルへ進んでいくことによって評価することが望ましい.現在の成熟度レベルは,レベル1から順に確認し,それまでのレベルの要素すべてが満たされた最上位のレベルとなる.

ステップ❺ 結果を報告書にまとめる.これは,長期にわたる進歩の記録となり,組織内外の情報交換に役立たせることができる.このような報告書にグラフを使用することは,結果の伝達に有用である.

ステップ❻ 組織のプロセスの現在のパフォーマンスを評価し,改善お

よび／または革新すべき領域を特定する．これらの機会は，このプロセスおよび評価の結果策定される行動計画を通して特定することが望ましい．

自己評価の結果については，マネジメントレビューのインプットとして利用する．

なお，評価項目は表 4.3 を参照するとよい．主要要素に対する成熟度レベルの一部を表 3.5 に，箇条 7（プロセスの運営管理）に対する自己評価の成熟度レベルを表 3.6 に示す．

3.8.2 品質マネジメントシステムの自己診断システムの概要

自己診断の目的は，変化する事業環境に対応し，顧客満足の向上によって組織の成長をはかるために，組織が保有すべき品質マネジメントシステムの能力に対して，現在の能力が十分備わっているのか，または不足しているのかを評価して，能力の成熟度レベルを明確にし，改善すべき能力を抽出して，この能力を改善することである．

自己診断の体系は，自己診断計画を立案し，自己診断シートで品質マネジメントシステムの要素ごとに自己診断を行い，その内容を分析および評価し，品質マネジメントシステムおよびその結果の継続的改善をはかるものである．品質マネジメントシステムの自己診断システムにおける評価項目を表 3.7 に示す．

成熟度レベルは，表 3.8 に示すように 5 段階になっている．

なお，レベル 3：TQM（Total Quality Management）品質保証の要素とは，TQM 発展表（飯塚悦功監修，超 ISO 企業研究会編著，『ISO から TQM 質総合経営へ－ISO からの成長モデル』，日本規格協会，2007 年）に示されているレベル 3：TQM 品質保証（TQM へのセカンドステップ）の要素のことである．

この自己診断システムは，次のステップで実施する．

ステップ❶ トップマネジメントが自己診断責任者を任命する
ステップ❷ 自己診断の手順を明確化する

プロセス改善のツール

表 3.5 主要素に対する成熟度レベル(一部)

主要素	レベル 1	レベル 2	レベル 3	レベル 4	レベル 5
運営管理の重点(運営管理)	製品、株主及び一部の顧客に重点を置いている。変化、問題及び機会に対するその場限りの対応。	顧客及び法令・規制要求事項にも重点を置いている。問題及び機会に対する多少系統立てられた対応。	組織の人々及び一部の利害関係者に追加されるべきその他の利害関係者にも重点を置いている。	特定された利害関係者のニーズのバランスをとることにも重点を置いている。	新たな利害関係者のニーズのバランスをとることにも重点が置かれている。プラス最高レベルのパフォーマンスを最優先に達成課題として設定されている。
リーダーシップのアプローチ(運営管理)	反応形であり、基本的にトップダウンに基づいて行われている。	依然として反応形であるが、さまざまな階層の管理者による決定の合意、行われている。	前向きであり、権限が下位に与えられている。	前向きであることに加え、その意思決定においては、組織の人々が深く関与している。	前向きで、かつ、学習を重視しており、あらゆる階層の人々に適切に権限が与えられている。
重要事項決定の際の考慮事項(戦略及び方針)	市場及びその他の情報源からの非公式な情報。	顧客のニーズ及び期待。	戦略並びに利害関係者のニーズ及び期待。	戦略的に必要な運営要素及びプロセスへの展開。	要求される柔軟性、迅速性及び持続的なパフォーマンス。
結果を出すために必要な資源の管理方法(資源)	その場限りの運用管理。	効果的な運用管理。	効果的かつ効率的な運用管理。	効果的かつ効率的であることに加え、資源の不足を考慮した運営管理。	資源の運用管理及び利用は、計画的であり、効果的かつ効率的に展開され、利害関係者を満足させている。
活動の運営管理の方法(プロセス)	いくつかの基本的作業手順または指示だけが用意されている、体系的なアプローチ。	基本的な品質マネジメントシステムが整備されている、部門別アプローチ。	効果的かつ効率的な、柔軟なプロセスアプローチを基礎とした品質マネジメントシステムに基づくアプローチ。	効果的かつ効率的であり、そのプロセスアプローチ互作用がある、迅速性及び品質改善を支持する品質マネジメントシステムによるプロセス。特定された利害関係者のニーズに対応している。	革新及びベンチマーキングを支持し、新たな利害関係者、並びに特定された利害関係者のニーズ及び期待に対応する品質マネジメントシステムによるアプローチ。

115

表 3.6 箇条 7（プロセスの運営管理）に対する自己評価の成熟度レベル

細分箇条	成熟度レベル				
	レベル1	レベル2	レベル3	レベル4	レベル5
7.1（プロセスの運営管理）一般	プロセスが、非公式に、その場限りで計画され、管理されている。	顧客満足及び製品実現に関連するプロセスなど、主要なプロセスが定められ、運営管理されている。	プロセスの計画策定と戦略の展開及びプロセスが統合されている。	俊敏性及び柔軟性の改善ならびにプロセス革新を実証できる。	プロセスのパフォーマンスが先進組織と比較され、その結果がプロセスの計画策定に利用されている。
7.2 プロセスの計画策定及び管理		プロセス間の相互関係が定められ、運営管理されている。	特定された利害関係者のニーズ及び期待が、プロセスの計画策定へのインプットとして利用されている。	すべての該当する利害関係者が、プロセスの計画策定において考慮されている。	主要なプロセスの結果が、業界平均を超えている。
		プロセスの有効性が計画に沿って測定され、それに基づいて行動している。	プロセスの効率の改善を実証できる。	プロセス間の相互関係の問題が特定され、有効な方法で解決されている。	
			プロセスは、予測した結果をもたらしている。		
			プロセスの効率及び有効性が、レビューされている。		
7.3 プロセスの責任及び権限	プロセスの責任が、その場限りで定められている。	プロセスの運営管理のための明確な責任及び権限が割り当てられている（たとえば、"プロセスオーナ"に対して）。	プロセスの運営管理の問題を回避し、解決するための方針が存在している。	プロセスオーナの力量が継続的に改善されている。	プロセスオーナと関連するある人々との間で学習が共有されている。

注記 現在の成熟度レベルは、レベル1から順に確認し、それまでのレベルの要素すべてが満たされた最上位のレベルとなる。

表 3.7　品質マネジメントシステムの自己診断項目

大　項　目	評　価　項　目
4．品質マネジメントシステム	4.2　文書化に関する要求事項
5．経営者の責任	5.1　経営者のコミットメント 5.2　顧客重視 5.A　組織の人々及び供給者に関する責任 5.3　品質方針 5.4.1　品質目標 5.4.2　品質マネジメントシステムの計画 5.5.1　責任及び権限 5.5.2　管理責任者 5.5.3　内部コミュニケーション 5.6.1　マネジメントレビュー(一般) 5.6.2　マネジメントレビューへのインプット 5.6.3　マネジメントレビューからのアウトプット
6．資源の運用管理	6.2　人的資源 6.3　インフラストラクチャー 6.4　作業環境 6.5　情報技術 6.A　知識・技術 6.B　財務資源
7．製品・サービスの実現	7.B.1　マーケティング 7.B.2　研究開発 7.1　製品サービスの計画 7.2.1　製品・サービスに関連する要求事項の明確化 7.2.2　製品・サービスに関連する要求事項のレビュー 7.2.3　顧客とのコミュニケーション 7.3.1　設計・開発の計画 7.3.2　設計・開発へのインプット 7.3.3　設計・開発からのアウトプット 7.3.4　設計・開発のレビュー 7.3.5　設計・開発の検証 7.3.6　設計・開発の妥当性確認 7.3.7　設計・開発の変更管理 7.3.a　構成管理 7.4.1　購買プロセス 7.4.2　購買情報 7.4.3　購買製品・サービスの検証

	7.4.a	供給者とのコミュニケーション
	7.4.b	供給者の力量の改善
	7.5.1	製造及びサービス提供の計画
	7.5.2	製造及びサービス提供に関するプロセスの妥当性確認
	7.5.3	識別及びトレーサビリティ
	7.5.4	顧客の所有物
	7.5.5	製品の保存
	7.5.a	製品・サービスの販売
	7.5.1f)	製品・サービスの引渡し及び引渡し後の顧客サポート
	7.6	監視機器及び測定機器の管理
8．測定，分析および改善	8.2.1	顧客満足
	8.2.a	組織の人々の満足
	8.2.b	供給者との共生関係
	8.2.2	内部監査
	8.2.e	自己診断
	8.2.3	プロセスの監視及び測定
	8.2.4	製品・サービスの検査及び試験
	8.3	不適合製品・サービスの管理
	8.4.1, 8.4.2	品質情報の収集及び分析
	8.4.3	統計的手法
	8.5.1	継続的改善
	8.5.2	是正処置
	8.5.3	予防処置

ステップ❸ 自己診断計画書を作成する
ステップ❹ 自己診断の範囲を決定する
ステップ❺ 自己診断者を決定する
ステップ❻ 自己診断者が担当する自己診断シートを作成する
ステップ❼ 関係者による自己診断シートのレビューおよび承認を実施する
ステップ❽ 自己診断を実施する
ステップ❾ 自己診断結果をまとめ，分析する
ステップ❿ 自己診断結果を関係者に報告する
ステップ⓫ 改善担当者が改善計画を策定し，実施する
ステップ⓬ 自己診断責任者が改善計画の監視および評価を行う

表 3.8 成熟度レベル

（出典：福丸典芳著，『品質マネジメントシステムの自己診断システム』，日本規格協会，2007）

成熟度レベル	計画・実施	結果
1	レベル3：TQM品質保証の要素と比較して抜本的な改善が必要である	計画に対して結果が悪い
2	レベル3：TQM品質保証の要素について，一部改善の余地がある	計画に対して結果が今一歩である
3	レベル3：TQM品質保証の要素が，効果的に構築されており，実施されている	計画を達成している
4	レベル3：TQM品質保証の要素が，効果的であり，かつ，効率的に実施されている	結果を効率的に出している
5	レベル3：TQM品質保証の要素が，効果的であり，かつ，効率的に実施されており，継続的に改善されている	結果がベンチマークされる

ステップ⓭ 自己診断責任者が改善の評価結果をとりまとめ，関係者に報告する

ステップ⓮ 改善後の状況を再評価する

品質目標の自己診断シートを表 3.9 に示す．

3.8.3 JIS Q 9006（質マネジメントシステム－自己評価の指針）の概要

この規格は，JIS Q 9005 "質マネジメントシステム－持続可能な成長の指針" の 12.2 の自己評価を実施するための指針として利用することを意図しており，JIS Q 9005 の質マネジメントシステムモデルの各条項に対応し，その条項ごとに評価の指針を明示している．

自己評価を行う際には，以下に示す自己評価プログラムを策定し，これに基づいて実施する．

① 自己評価プログラムの目的の明確化

表 3.9　自己診断シート

(出典：福丸典芳著,『品質マネジメントシステムの自己診断システム』, 日本規格協会, 2007 年)

診断項目	5.4.1　品質目標

診断のねらい：品質方針が効果的かつ効率的に展開されているかを診断する

[計画・実施の視点]
品質方針の展開では，次の事項を考慮しているか．
a）　**課題の決定**　継続的改善への課題，マネジメントレビュー，内部監査及び自己診断のアウトプットなどから，取り組むべき課題を決定する．
b）　**目標の設定**　課題ごとに，組織内のそれぞれの部門及び階層で目標を設定する．
c）　**方策の立案**　目標及びそれを達成するための方策の関係，担当部門，並びに担当階層を明確にした方策を立案する．
d）　**経営資源の確保**　目標を達成するために，人的資源及びその他の経営資源を確保する．
e）　**管理項目の設定**　目標の達成を管理するための評価尺度を設定する．
f）　**実施計画の作成**　方策が確実に実施されるように，実施計画を策定する．
　　　実施計画の策定には，次の事項を考慮する．
　　　－　確保した経営資源及び設定した管理項目
　　　－　実施事項，実施責任者，実施期日
　　　－　目標値，中間到達目標値
　　　－　進捗管理に関する責任者及び方法
g）　**品質目標及び方策の実施状況の電子化**
h）　**継続的改善**　年度方針の目標が未達・達成の場合の原因解析を適切に行う．

[結果の視点]
目標展開の上位目標との整合度合い，方策展開の上位方策との整合度合い，各要員の認識度と理解度，レビューの実施状況，方針との不整合件数，管理項目の質，品質方針の展開時間

確認した文書及び記録

診断結果（成熟度判定レベルの根拠を明確にすること）

計画・実施（成熟度レベル：　）

結果（成熟度レベル：　）

② 自己評価プログラムの範囲および評価項目の設定
③ 自己評価プログラムの責任および手順
④ 自己評価プログラムの実施
⑤ 自己評価プログラムの記録
⑥ 自己評価による質マネジメントシステムの成熟度の向上

　この自己評価では，組織で評価項目の設計と成熟度レベルの判定基準の設計を行っており，そのために必要な表3.10に示す共通の成熟度モデルが示されている．

　評価項目の設計とは，この規格に標準として示された評価項目の内容を確認し，組織特有のプロセス，評価指標，および用語などに着目して，この評価項目を修正することである．この結果から，共通の成熟度モデルから組織特有の成熟度レベルの判定基準を設計する．これらを使用して自己評価を行う．

　購買の評価項目を表3.11に，購買の成熟度レベルを表3.12に示す．

表3.10 共通の成熟度モデル
(出典：JIS Q 9006)

レベル	計画・実施	結　　果
1	計画に不備があるか，及び／又は計画どおり実施されていない．	計画どおりの結果が出ていない．競合者で下位である．
2	JIS Q 9001の要求事項にかかわる手順は確立され，実施されている．	ほぼ計画どおりの結果が出ている．競合者と比較して中位の下である．
3	組織能力像が明確にされており，それによって実施すべきと認識した事項に対する効果的な計画が策定され，実施されている．	計画どおりの結果が出ている．競合者と比較して中位の上である．
4	組織能力像が明確にされており，実施事項に対する効果的，かつ，効率的な計画が策定され，その重要性が認識され，実施され，組織に浸透している．	計画どおりの結果を効率的に出している．競合者と比較して上位である．
5	環境の変化に対応できる革新的な計画が策定され，計画策定過程で得られた知が共有化され，知の創造がなされ，質マネジメントシステムの各要素において継続的に改善及び革新が実施されている．	どのような経営環境にあっても計画どおりの結果を効率的に出している．競合者と比較してベストプラクティスをもつトップクラスである．

プロセス改善のツール

表 3.11 評価項目（購買）
（出典：JIS Q 9006）

	評 価 の 視 点		評価指標の例
a)	組織は、購買プロセスを構築し、運営管理しているか。	— 購買製品・サービスの供給者の選定、評価及び再評価の基準の規定 — 供給者の組織能力の評価及び選定 — 購買製品・サービスの性能、価格、提供タイミング・量を評価する基準の規定 — 購買製品・サービスの規定された基準への適合 — 購買製品・サービスの不適合に対する処理 — 供給者の質マネジメントシステムの構築の指導・支援	— 製品・サービスを構成する要素に対して、供給者と合意した質、価格、時期及び量の確保 — 後工程で発見された供給者起因による問題発生件数
b)	組織は、購買製品・サービスに関する情報を明確にし、供給者に伝達する前に、規定した購買要求事項が妥当であることを確実にしているか。	— 購買製品・サービス仕様に関する要求事項 — 価格、納期、納入量に関する要求事項 — 製品・サービス、プロセス、設備及び検証の手順の承認に関する要求事項 — 要員の適格性確認に関する要求事項 — 質マネジメントシステムに関する要求事項 — 納入不適合、不具合などに関連する不具合の処理の要求事項 — 購買製品・サービスに関連する目標に対する要求事項 — 購買要求事項の組織内への伝達 — 購買要求事項の妥当性の確認	— 供給者とのコミュニケーションの頻度 — リスクを考慮した供給者の数 — 購買要求事項の未達成件数 — 供給者の改善目標の達成
c)	組織は、購買製品・サービスの受入時に、製品・サービスの検査又はその他の活動を実施しているか。	— 購買要求事項に応じた検査 — 供給者先での指示及び検査	— 検査要員数 — 直接／間接検査比率
d)	組織は、供給者と購買製品・サービスに関して、コミュニケーションを図っているか。	— 供給者の工程管理・変更管理の状況 — 購買製品・サービスの検証結果 — 購買製品・サービスの質の傾向 — 購買製品・サービスの質がもたらした最終製品・サービスへの影響	

表 3.12　成熟度レベルの例(9.6 購買)
(出典:JIS Q 9006)

レベル	計画・実施	結　果
1	購買にかかわるプロセスに不備があり，計画どおり実施されていない．	供給者が組織と合意した要求事項を満たしておらず，不適合製品・サービスが常に発生している． 市場評価又は顧客による順位付けが下位である．
2	購買にかかわる JIS Q 9001 の要求事項の手順が確立され，実施されている．	供給者が組織と合意した要求事項をほぼ満たしているが，時々問題が発生している． 市場評価又は顧客による順位付けが中位の下である．
3	組織能力像が明確にされており，それによって実施すべき事項と認識した事項に対する効果的な購買にかかわる手順が確立され，実施されている．	供給者が組織と合意した要求事項を満たしている．改善活動に取り組んでいる． 市場評価又は顧客による順位付けが中位の上である．
4	組織能力像が明確にされており，効果的，かつ，効率的な購買にかかわる手順が確立され，その重要性が認識され，実施され，関係者に浸透している．	供給者が組織と合意した要求事項を満たしており，組織の要求事項の変更にもタイムリーに対応し，コスト低減を図っている． 市場評価又は顧客による順位付けが上位である．
5	環境の変化に適合した，革新的な購買プロセスが策定され，実施されており，これらの活動で得られた知が共有化され，知の創造がなされ，継続的に改善及び革新が実施されている．	どのような経営環境にあっても，供給者及び組織が要求事項を共有し，購入製品・サービスの不適合が限りなくゼロに近い状態を効率的に維持し続けている． 競合者と比較して，調達コスト，リードタイム，リスク対応，柔軟性などにおいてベストプラクティスをもつトップクラスである．

4章

マネジメントシステムのモデル
(Management System Model)

4.1 組織のマネジメントシステム

私たちの組織では，マネジメントシステムという用語が日常的に用いられているが，ISO 9000では，システム，マネジメントシステム，品質マネジメントシステムを次のように定義している．

ISO 9000 の定義

システム (3.2.1)
　相互に関連する又は相互に作用する要素の集まり．
マネジメントシステム (3.2.2)
　方針及び目標を定め，その目標を達成するためのシステム．
　注記　組織のマネジメントシステムには，複数の異なるマネジメントシステムを含むことがある．例えば，品質マネジメントシステム，財務マネジメントシステム又は環境マネジメントシステム．
品質マネジメントシステム (3.2.3)
　品質に関して組織を指揮し，管理するためのマネジメントシステム．

組織のマネジメントシステムには，品質，環境，情報セキュリティ，安全などの経営要素に関わるものが含まれており，これらの要素が効果的かつ効率的になるように構築し，組織の目標達成のために適切にマネジメントしなければならない．しかし，組織の事業形態はその組織固有のものであり，画一的なものではない．したがって，組織は事業活動を考慮した固有のマネジメントシステムを構築しなければならない．

一方，マネジメントシステムは，事業環境に適応するように変化への対応をする必要があるが，昨今の急速な事業環境の変化に対応できない組織が多い．この理由は，次のQ＆Aからうかがえる．

　Q：御社のマネジメントシステムモデルを明示したものがありますか
　A：当社のマネジメントシステムを明確にした体系図的なものはない

このような状態で，事業環境の変化に対応できる総合的なマネジメントシステムを運営管理できるのか不安になる．しかし，TQMを推進しているところは，特徴を持った固有のマネジメントシステムのモデルを保有している．だが，TQMを継続している組織は，現在国内では少な

くなってきている．このようなことでは，マネジメントシステムの国際規格化に対応することができず，個別のマネジメントシステムの構築および運営だけに追いまくられることになる．

組織は，製品・サービスを通して顧客および社会に価値を提供し続けることで利益を上げ，持続的成功をはかることは当たり前のことである．また，価値を提供するためには，当然のことながら，製品・サービスの品質が良くなければならない．この品質を中心とした事業経営そのものがTQMであるということを組織自身が再認識する必要がある．

JSQCでは，総合的品質管理（TQM）を次のように定義している．

JSQCの定義

品質／質を中核に，顧客及び社会のニーズを満たす製品・サービスの提供と，働く人々の満足を通した組織の長期的な成功を目的とし，プロセス及びシステムの維持向上・改善・革新を全部門・全階層の参加を得て様々な手法を駆使して行うことで，経営環境の変化に適した効果的・効率的な組織運営を実現する方法．

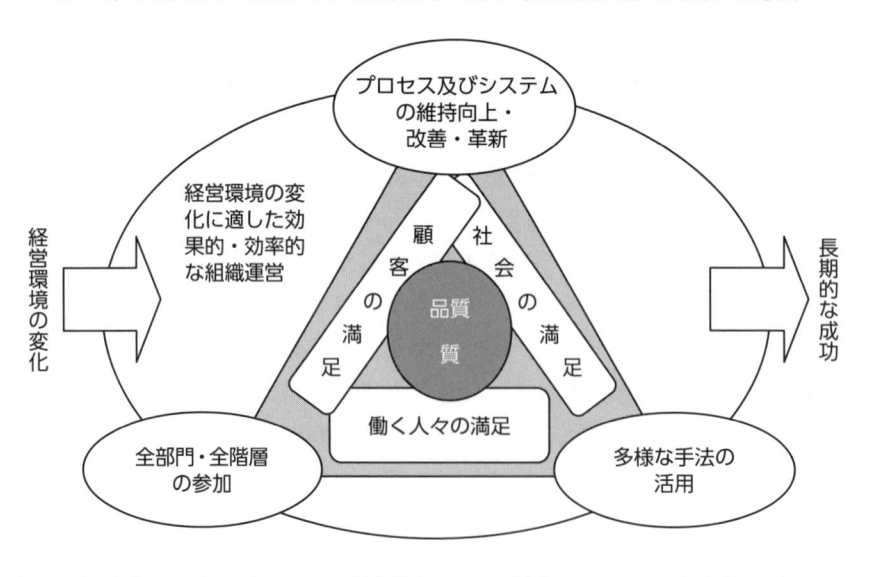

4.2 ISO で定義する品質マネジメントシステム

4.2.1 | ISO 9001 のモデル

ISO 9001 は，次の 2 つの事項に該当する組織に対する，品質マネジメントシステム要求事項を規定したものである．

　　a）顧客要求事項および適用される法令・規制要求事項を満たした製品を一貫して提供する能力をもつことを実証する必要がある場合

　　b）品質マネジメントシステムの継続的改善のプロセスを含むシステムの効果的な適用，ならびに顧客要求事項および適用される法令・規制要求事項への適合の保証を通して，顧客満足の向上を目指す場合

また，ISO 9001 の構築および運営管理の基本的な考え方が，序文に次のように規定されている．

ISO 9001 の規定

品質マネジメントシステムの採用は，組織の戦略上の決定によることが望ましい．組織における品質マネジメントシステムの設計及び実施は，次の事項によって影響を受ける．

　　a）組織環境，組織環境の変化，及び組織環境に関連するリスク
　　b）多様なニーズ
　　c）固有の目標
　　d）提供する製品
　　e）用いるプロセス
　　f）規模及び組織構造

組織が構築した品質マネジメントシステムを運営管理するには，品質方針の策定とこれに基づいた品質目標の設定および目標達成のための活動，すなわち，日常業務および事業計画マネジメントを行うことが必要である．

ISO 9001 の品質マネジメントシステムのモデルを図 4.1 に示す．このモデルに従って，組織では，品質保証体系図，プロセス体系図などで品質マネジメントシステムモデルを明示している．しかし，このようなモデル図だけではどのような活動を行っているかが具体的でないので，ISO 9001 を認証取得している組織では品質マニュアルを作成している．ここで問題なのが，品質マニュアルの構成である．どの組織の品質マニュアルを見ても ISO 9001 要求事項と整合させた構成であるため，自組織のモデルと品質マニュアルの関係が必ずしも整合はしていないことである．このようなことでは，組織のマネジメントシステムを明確に示すことはできないので，組織の事業活動の実態に即した品質マニュアルを作成することが必要である．

　ISO 9001 および ISO 9004 に示されている品質マネジメントシステムの要素，すなわち，要求事項は，品質マネジメントの 8 原則に基づいて設計されている．それらの 8 原則を以下に示す．

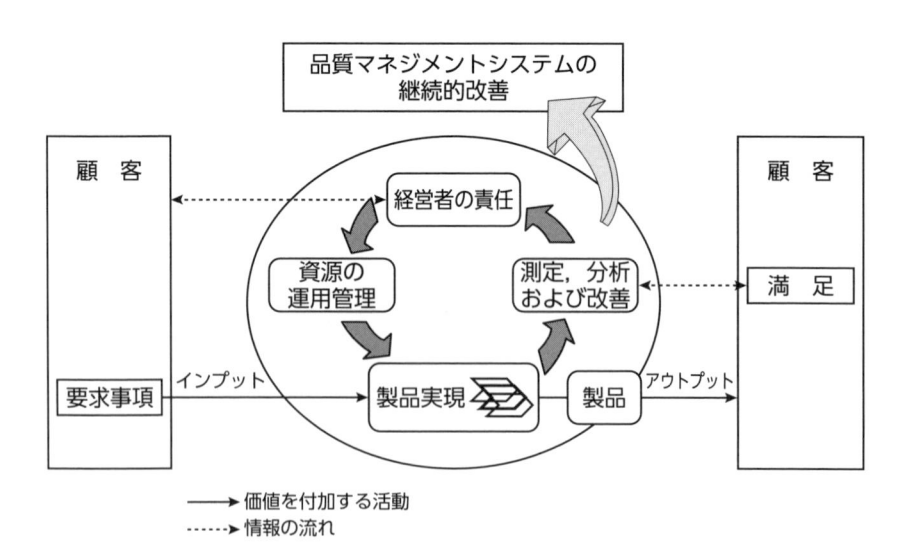

図 4.1　ISO 9001 の QMS モデル
（出典：ISO 9001）

原則1：顧客重視

組織はその顧客に依存しており，そのために，現在および将来の顧客ニーズを理解し，顧客要求事項を満たし，顧客の期待を越えるように努力することが望ましい．

原則2：リーダーシップ

リーダーは，組織の目的および方向を一致させる．リーダーは，人々が組織の目標を達成することに十分に参画できる内部環境を創りだし，維持することが望ましい．

原則3：人々の参画

すべての階層の人々は組織にとって最も重要なものであり，その全面的な参画によって，組織の便益のためにその能力を活用することが可能となる．

原則4：プロセスアプローチ

活動および関連する資源が1つのプロセスとして運用管理されるとき，望まれる結果がより効率よく達成される．

原則5：マネジメントへのシステムアプローチ

相互の関連するプロセスを，1つのシステムとして明確にし，理解し，運営管理することが，組織の目標を効果的で効率よく達成することに寄与する．

原則6：継続的改善

組織の総合的パフォーマンスの継続的改善を組織の永遠の目標とすることが望ましい．

原則7：意思決定への事実に基づくアプローチ

効果的な意思決定は，データおよび情報の分析に基づいている．

原則8：供給者との互恵関係

組織およびその供給者は相互に依存しており，両者の互恵関係は両者の価値創造能力を高める．

　これらの8原則は，組織の品質マネジメントシステムの基本的な考え方である．このような考え方をもとに品質マネジメントシステムを設計し，運営管理することで成果を出すことができる．そして，日常業務および事業計画のマネジメントとの整合をはかることが重要である．
　ISO 9001の品質マネジメントシステムモデルの要素を表4.1に示す．
　このため，組織のマネジメントシステムモデルとISO 9001の関係を明確にすることが重要であり，その例を表4.2に示す．
　以上に示したように，ISO 9001の品質マネジメントシステムモデルには，品質に関する日常業務および事業計画のマネジメントの一部に関する要素しか含まれておらず，経営要素すべてについての要素は含まれていない．したがって，組織が活動している日常業務および事業計画のマネジメントとISO 9001要求事項との整合をとることが必要である．

4.2.2 ｜ ISO 9004のモデル

　ISO 9004は，ISO 9001よりも広い品質マネジメントに焦点を当てており，すべての該当する利害関係のニーズおよび期待を扱い，組織の全体的なパフォーマンスの体系的かつ継続的な改善のための手引である．このことを考慮して，図4.2に示すモデルを規定している．
　組織環境は，複雑で，過酷で，刻々と変化しているため，組織は品質マネジメントアプローチによって持続的成功を達成することが有効である．この持続的成功のためには，顧客およびその他の利害関係者のニーズおよび期待を，長期にわたるバランスのとれた方法によって満たす組織の能力が必要となる．この能力についてどのような要素が必要かを，ISO 9004は明示している．
　ISO 9004の品質マネジメントシステム要素を表4.3に示す．

表 4.1　ISO 9001 の品質マネジメントシステムモデルの要素

4. 品質マネジメントシステム
　4.1　一般要求事項
　4.2　文書化に関する要求事項
　　4.2.1　一般
　　4.2.2　品質マニュアル
　　4.2,3　文書管理
　　4.2.4　記録の管理
5. 経営者の責任
　5.1　経営者のコミットメント
　5.2　顧客重視
　5.3　品質方針
　5.4　計画
　　5.4.1　品質目標
　　5.4.2　品質マネジメントシステムの計画
　5.5　責任，権限及びコミュニケーション
　　5.5.1　責任及び権限
　　5.5.2　管理責任者
　　5.5.3　内部コミュニケーション
　5.6　マネジメントレビュー
　　5.6.1　一般
　　5.6.2　マネジメントレビューへのインプット
　　5.6.3　マネジメントレビューからのアウトプット
6. 資源の運用管理
　6.1　資源の提供
　6.2　人的資源
　　6.2.1　一般
　　6.2.2　力量，教育・訓練及び認識
　6.3　インフラストラクチャー
　6.4　作業環境
7. 製品実現
　7.1　製品実現の計画
　7.2　顧客関連のプロセス
　　7.2.1　製品に関する要求事項の明確化
　　7.2.2　製品に関連する要求事項のレビュー
　　7.2.3　顧客とのコミュニケーション
　7.3　設計・開発
　　7.3.1　設計・開発の計画
　　7.3.2　設計・開発へのインプット
　　7.3.3　設計・開発からのアウトプット
　　7.3.4　設計・開発のレビュー
　　7.3.5　設計・開発の検証
　　7.5.6　設計・開発の妥当性確認
　　7.5.7　設計・開発の変更管理
　7.4　購買
　　7.4.1　購買プロセス
　　7.4.2　購買情報
　　7.4.3　購買製品の検証
　7.5　製造及びサービス提供
　　7.5.1　製造及びサービス提供の管理
　　7.5.2　製造及びサービス提供に関するプロセスの妥当性確認
　　7.5.3　識別及びトレーサビリティ
　　7.5.4　顧客の所有物
　　7.5.5　製品の保存
　7.6　監視機器及び測定機器の管理
8. 測定，分析及び改善
　8.1　一般
　8.2　監視及び測定
　　8.2.1　顧客満足
　　8.2.2　内部監査
　　8.2.3　プロセスの監視及び測定
　　8.2.4　製品の監視及び測定
　8.3　不適合製品の管理
　8.4　データの分析
　8.5　改善
　　8.5.1　継続的改善
　　8.5.2　是正処置
　　8.5.3　予防処置

表 4.2　組織のマネジメントシステム要素と ISO 9001 の品質マネジメントシステムとの要素の関係

組織のマネジメントシステム要素の例		ISO 9001 の品質マネジメントシステム要素
事業計画	事業戦略の策定	5.1
	中長期計画の策定	5.2
	年度事業方針の策定	5.3
	目標の設定	5.4.1
	目標達成のための計画策定(方策) QMS の設計	5.4.2
	事業計画の進捗状況の評価(月次管理) QMS のパフォーマンス評価	5.6, 8.4, 8.5.1
	QMS 評価	8.2.1, 8.2.2, 8.2.3
	是正処置及び予防処置の実施	8.5.2, 8.5.3
製品実現	マーケティング	
	研究開発	
	製品・サービス企画	7.1, 7.2
	製品・サービスの設計・開発	7.3
	製造プロセスの設計・開発	
	購買管理	7.4
	生産管理, 生産計画, 初期流動, 工程管理, 検査・試験	6.4, 7.1, 7.5, 8.2.4, 8.3
	設備管理	6.3
	計測機器管理	7.6
安　　全	安全管理	
在　　庫	在庫管理	
輸　　送	輸送管理	
販　　売	販売管理	
財　　務	財務管理	
人　　事	人事管理 教育・訓練, 人事	6.2

マネジメントシステムのモデル

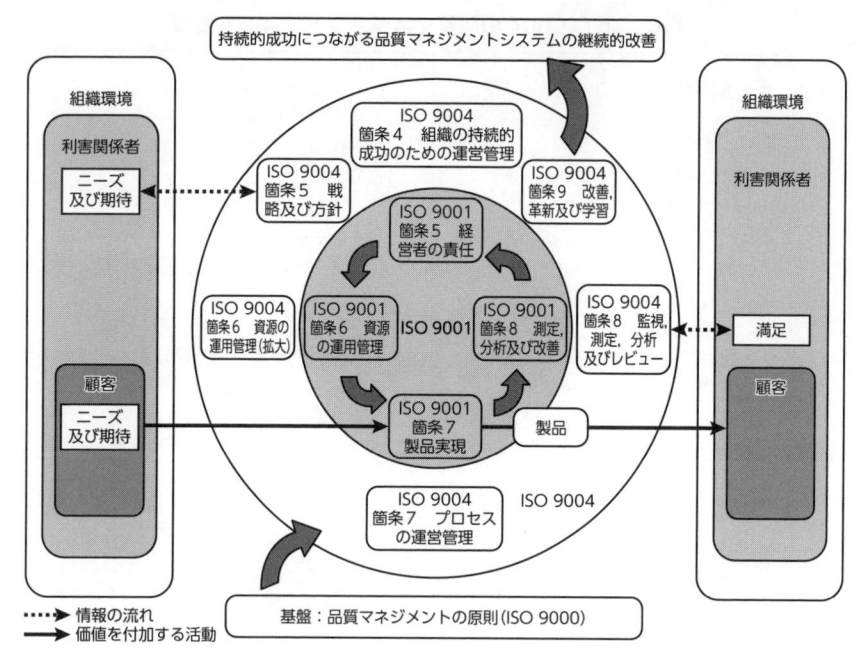

図4.2 ISO 9004の品質マネジメントシステムモデル

　以上に示すように，ISO 9004はISO 9001と比較すると品質マネジメントシステムの要素を拡張しているが，これも品質を中心とした日常業務および事業計画のマネジメントの一部に関する要素は含まれているが，経営要素すべてについての要素は含まれていない．

4.3　JIS Q 9005のモデル

　JIS Q 9005（質マネジメントシステム－持続可能な成長の指針）は，TQMの標準化をはかるために2005年に日本工業標準調査会から発行されたものである．なお，JIS Q 9005では，質を次のように定義している．

JIS Q 9005の定義
ニーズ又は期待を満たす能力に関する特性の全体．

表 4.3　ISO 9004 の品質マネジメントシステム要素

4．組織の持続的成功のための運営管理 　4.1　一般 　4.2　持続的成功 　4.3　組織環境 　4.4　利害関係者，ニーズ及び期待 5．戦略及び方針 　5.1　一般 　5.2　戦略及び方針の策定 　5.3　戦略及び方針の展開 　　5.3.1　一般 　　5.3.2　プロセス及び実践 　　5.3.3　展開 　5.4　戦略及び方針に関するコミュニケーション 6．資源の運用管理 　6.1　一般 　6.2　財務資源 　6.3　組織の人々 　　6.3.1　人々の運用管理 　　6.3.2　人々の力量 　　6.3.3　人々の参画及び動機付け 　6.4　供給者及びパートナ 　　6.4.1　一般 　　6.4.2　供給者及びパートナの選定，評価及び能力の改善 　6.5　インフラストラクチャー 　6.6　作業環境 　6.7　知識，情報及び技術 　　6.7.1　一般	6.7.2　知識 　　6.7.3　情報 　　6.7.4　技術 　6.8　天然資源 7．プロセスの運営管理 　7.1　一般 　7.2　プロセスの計画策定及び管理 　7.3　プロセスの責任及び権限 8．監視，測定，分析及びレビュー 　8.1　一般 　8.2　監視 　8.3　測定 　　8.3.1　一般 　　8.3.2　主要パフォーマンス指標 　　8.3.3　内部監査 　　8.3.4　自己評価 　　8.3.5　ベンチマーキング 　8.4　分析 　8.5　監視，測定及び分析から収集された情報のレビュー 9．改善，革新及び学習 　9.1　一般 　9.2　改善 　9.3　革新 　　9.3.1　一般 　　9.3.2　適用 　　9.3.3　タイミング 　　9.3.4　プロセス 　　9.3.5　リスク 　9.4　学習

（1）　この規格の特徴

　この規格の特徴は，次のようなものである．
　　・持続可能な成長

組織が将来も存在するということである．
- 学習・革新
持続的成功のためには，学習および革新が重要である．
- 組織能力像
組織が必要とする質マネジメントシステムの能力とは何かを明らかにし，成功への道筋を示す．
- 事業戦略
- 3階層質マネジメントシステムモデル
- 自己評価
質マネジメントシステムの成熟度レベルを評価し，能力の強み・弱みを明確にする．
- 質マネジメントの12原則
- 拡大された製品実現のプロセス
マーケティング，研究・開発，営業に関するプロセスを追加している．
- 拡大された価値概念
顧客価値および社会価値の考え方を取り入れている．

コアとなるコンセプトを次に示す．
① 持続可能な成長
　・変化への対応
　　事業環境の変化に対応して持続可能な成長を実現する．
　・学習
　　組織の学習能力と個人の能力と組織能力とを融合する能力を保有する．
　・革新
　　学習を基盤とする革新を行う．
② 事業戦略実現のための質マネジメントシステムの構築
　・組織能力像(競争優位であるために必要な組織能力の全体像)の明確化
③ 3階層質マネジメントシステムモデル

④　自己評価および戦略的マネジメントレビュー
⑤　質マネジメントの12原則

(2) 質マネジメントの12原則

　学習および革新に基づく持続可能な成長を実現するための質マネジメントの原則は，"変化"をそれほど意識しない，ISO 9001およびISO 9004で採用している"品質マネジメントの8原則"とは異なるものとなっている．この規格は一つの発展モデルとして，次の質マネジメントの12原則を考慮して設計してある．

a） 顧客価値創造 (creating customer value)

　　顧客価値創造とは，顧客が何らかの価値を感じて満足をする状態を新たに作り出すことをいう．とくに，製品・サービスを顧客が購入するかどうかは，創造された価値が顧客のニーズおよび期待に応えているかどうかによって決まる．組織は，顧客価値を創造できるシステムを構築し，維持する必要がある．

b） 社会的価値重視 (focus on social value)

　　社会的価値重視とは，組織が社会に与える影響に関して顧客およびその他の利害関係者の認識を重視することをいう．組織は，顧客への価値あるアウトプットの提供に加えて，その他の利害関係者および社会全体から組織としての社会的価値を認識されてこそ持続可能な成長を実現できる．

c） ビジョナリーリーダーシップ (visionary leadership)

　　ビジョナリーリーダーシップとは，ビジョンを設定し，これを実現するための明確な方針を定め，組織の人々を指揮し，組織を適切な方向に導くようなリーダーシップのことをいう．トップマネジメントは，環境変化に迅速に対応するために，このようなビジョナリーリーダーシップを発揮する必要がある．

d） コアコンピタンスの認識 (understanding core competence)

　　コアコンピタンスとは，組織の持続的な競争優位を確保するための源泉となる技術・技能，ノウハウ，組織文化などで，顧客価値創

造に繋がるその組織特有の総合力である．組織は，自らが持つべきコアコンピタンスを自覚して，環境変化に応じて自己を革新し，競争優位を維持すべきである．

e) 人々の参画(involvement of people)

組織がもっとも効果的，かつ，効率的に組織を運営し，組織の目標を達成するためには，組織のすべての人々の参画によって，知，技能，創造性などの個人能力を最大限に発揮し組織能力にすることが重要である．

f) パートナとの協働(collaboration with partners)

組織は，パートナと協働し，最適な知，技能，創造性などを得て，顧客価値を創造し顧客満足を得ることが重要である．

g) 全体最適(total optimization)

組織がその目的を達成するためには，組織の部分の最適ではなく部分を包含した組織全体の最適を目指すことが必要であり，そのために経営全体の視点から各業務プロセスの最適化が不可欠である．

h) プロセスアプローチ(process approach)

組織は，顧客価値創造のための各業務プロセスを明確にし，その相互関係を把握し，運営管理することと合わせて，一連のプロセスを全体システムとの関連で適用することが重要である．

i) 事実に基づくアプローチ(factual approach)

組織は，憶測ではなく事実を明確に把握したうえで，経営における意思決定をすることが重要である．そのためには，情報や知の共有，さらには事実に基づく分析評価，論理的思考，科学的アプローチなどが重要となる．

j) 組織および個人の学習(organizational and personal learning)

組織が価値を創造し続けるためには，組織全体として環境，外部状況を知り，組織を変革していくことに加え，個人の学習を促し，個人の知を結集し，既成概念に捉われない革新的な知に発展させ，組織で共有できる知とすることが重要である．

k) 俊敏性(agility)

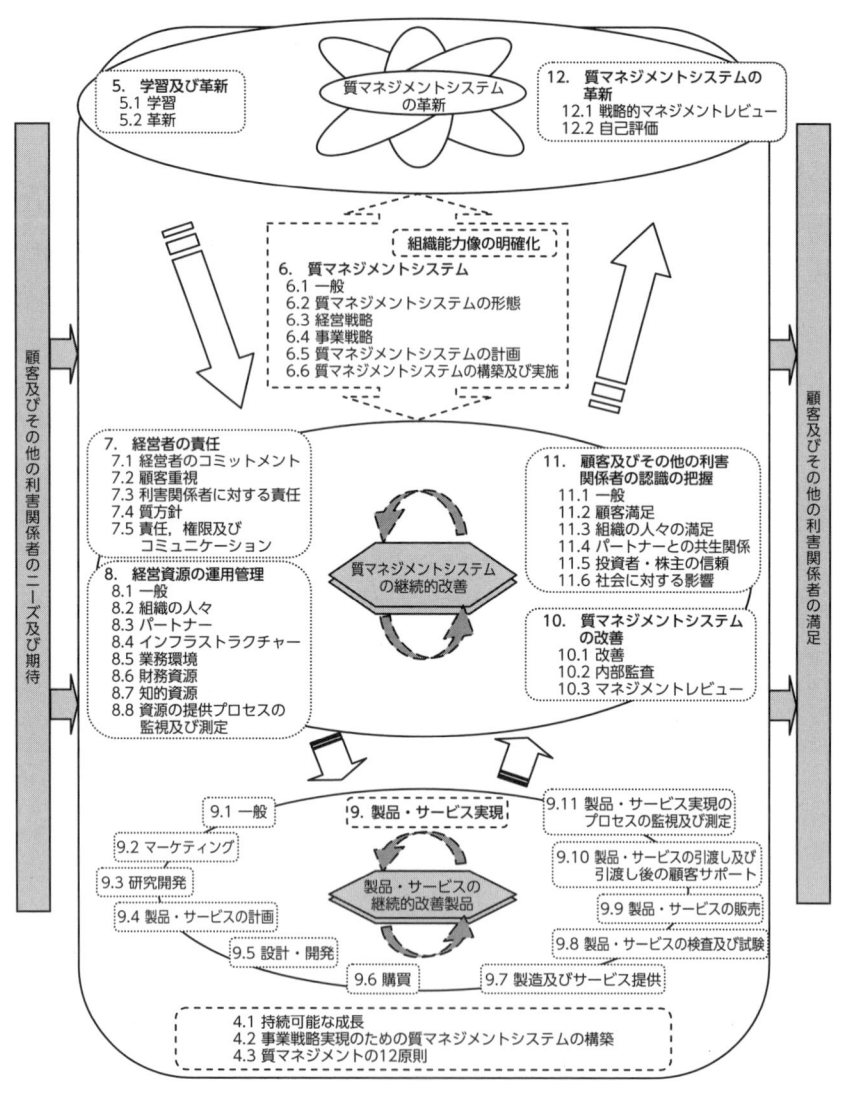

図 4.3　質マネジメントシステムのモデル
（出典：JIS Q 9005）

組織が変化の激しい経営環境で成功するには，俊敏性が必要である．そのためには，既成概念に捉われない意思決定をし，刻々と変化するあらゆる機会を好機と捉えて事業の成功に結びつけることが重要である．

1) 自律性(autonomy)

組織は，環境分析および自己分析に基づき，価値基準を自ら定め，意思決定し主体的に行動することが重要である．

これらの考え方をもとにしたQMSのモデルとその要素を，図4.3で示している．

以上のように，このモデルは質を中心とした組織として必要な経営要素に関するものを含んでおり，日常業務および事業計画のマネジメントと整合している．

4.4 デミング賞のモデル

デミング賞とは，戦後の日本に統計的品質管理を普及し，日本製品の品質を世界最高水準に押し上げる大きな礎となった，故デミング博士の業績を記念して，1951年に創設されたTQM(総合的品質管理)に関する世界最高ランクの賞である．

デミング賞では，TQMを次のように定義および解説している．

デミング賞の定義と解説

顧客の満足する品質を備えた品物やサービスを適時に適切な価格で提供できるように，企業の全組織を効果的・効率的に運営し，組織目的の達成に貢献する体系的活動．

解説
1．「顧客」
　買い手のみでなく，使用者，利用者，消費者，受益者などの利害関係者を含む．
2．「品質」
　有用性(機能・心理特性など)，信頼性，安全性などを指すが，第三者や社会・環境・次世代への影響を考慮する必要がある．
3．「品物やサービス」

製品(完成品のみでなく部品や材料を含む)やサービスとともに，システム，ソフトウェア，エネルギー，情報など顧客に提供されるすべてを含む．

4．「提供」

「品物やサービス」を生み出し顧客に渡すまでの活動，すなわち調査，研究，企画，開発，設計，生産準備，購買，製造，施工，検査，受注，輸送，販売，営業などのほか，顧客が利用中における保全やアフターサービスおよび利用後の廃棄やリサイクリングにかかわる活動をも含む．

5．「全組織を効果的・効率的に運営」

適切な組織・経営管理のもとで，品質保証システムを中核として，原価，量，納期，環境，安全などの諸管理システムを統合し，できるだけ少ない経営資源で迅速に組織目的を達成できるように全部門，全階層の全員で仕事を進めていくことをいう．このためには，人間性尊重の価値観のもとに，コア技術・スピード・活力を支える人を育成し，プロセス・業務に対し，統計的手法などを適切に用いて，事実に基づき，計画・実施・評価・処置(PDCA)の管理・改善を実施すること，さらに適切な科学的手法や情報技術の有効活用により経営システムの再構築を図ることが必要となる．

6．「組織目的」

顧客満足の恒久的・継続的実現を通し，組織の長期的適正利益の確保と成長を目指す．従業員満足とともに社会・取引先・株主等の事業に関係するすべての人々の便益の向上を含む．

7．「体系的活動」

組織の使命(目的)を達成するために，明確な中・長期的なビジョン・戦略および適切な品質戦略・品質方針を定め，経営トップ層の強い使命感と強力なリーダーシップのもとに行う組織的な活動をいう．

デミング賞が考えている TQM の構成要素として，次の事項が示されている．

(1) **基本的な考え方**

・品質，管理・マネジメント，人間尊重

(2) **マネジメントシステムモデル**

・経営トップのリーダーシップ，ビジョン・戦略

- 経営管理システム：経営管理システムの運営，日常管理，方針管理
- 品質保証システム：品質保証体系，品質保証システム要素，ISO 9000との融合
- 経営要素管理システム：経営要素管理の運営，量・納期管理，原価管理，環境マネジメント，安全・衛生・労働環境管理など
- リソース管理：人，情報・知識・技術，設備などの質の管理

（3）方法論・手法

- 科学的問題解決法(QCストーリー)，課題達成手法
- QC七つ道具(Q7)，統計的手法，新QC七つ道具(N7)
- 商品企画七つ道具(P7)，戦略的方針管理七つ道具(S7)
- QFD, FMEA, FTA, DR
- 他の経営管理手法(OR, VE/VA, IE手法，モデリング手法など)の活用

（4）運用技術

- 導入・推進の方法論：標準的ステップ，体制・組織，教育・指導，評価・診断
- 組織・人の活性化：個人・部門のレベルアップや活性化のための諸活動，企業の表彰制度(デミング賞，日本品質管理賞，経営品質賞など)
- 相互啓発，情報獲得：全国的推進体制，相互啓発・情報交換の場，ベンチマーキング

また，TQMの行動原理として次の4つの事項を示している．

1) 顧客志向，顧客中心
- 顧客の期待・ニーズに対する鋭い感受性
- 顧客価値創造・実現の重視

2） システム志向，プロセス重視
　・目的志向の思考・行動（管理の考え方，PDCA）
　・目的達成手段への展開（計画，設計）
　・要因系の管理（プロセス重視，源流管理，予測と予防）
　・学習（真因分析，本質把握，教訓獲得，改善）

3） ひと中心
　・人間性尊重（自己実現）
　・技術とマネジメントの補完・超越（知の創造）
　・全員参加（すべての要員の経営参画）
　・チーム，組織（個と組織の Win-Win 関係）
　・人の弱さの克服・許容・補完（ヒューマンファクター工学）

4） 自己変革
　・変化の様相とその意味を知る（学習能力）
　・自己の強み・特徴を認識する（強み・特徴，成功へのシナリオ）
　・あるべき姿を認識する（競争優位要因，組織能力像）
　・自己を変革する（革新，異質性の許容）

　なお，デミング賞では，ISO 9001，ISO 9004，JIS Q 9005 に示されているようなモデル図は明示されていないが，図 4.4 に示すように基本事項の関連と配点が示されている．

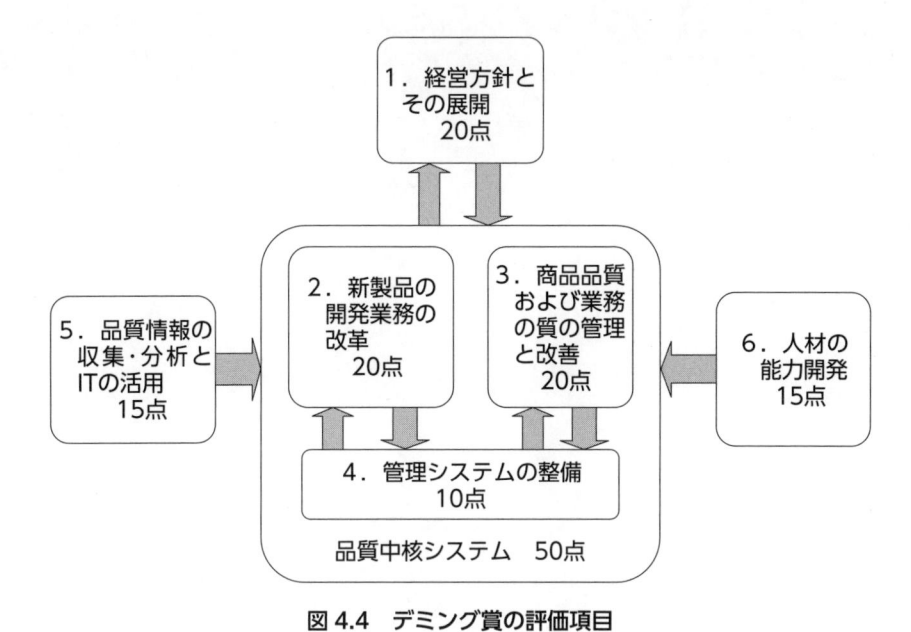

マネジメントシステムのモデル

```
                ┌─────────────┐
                │ 1. 経営方針と│
                │   その展開   │
                │    20点     │
                └──────┬──────┘
                       ↕
┌──────────┐   ┌───────────────────────────┐   ┌──────────┐
│5. 品質情報の│   │ ┌────────┐  ┌────────┐ │   │6. 人材の │
│ 収集・分析と│→ │ │2. 新製品の│ │3. 商品品質│ │ ←│ 能力開発 │
│  ITの活用  │   │ │ 開発業務の│ │および業務│ │   │  15点   │
│   15点    │   │ │  改革   │ │ の質の管理│ │   └──────────┘
└──────────┘   │ │  20点   │ │ と改善  │ │
                │ └────┬───┘ │  20点  │ │
                │      ↕      └────┬───┘ │
                │   ┌──────────────┴──┐  │
                │   │4. 管理システムの整備│  │
                │   │      10点        │  │
                │   └──────────────────┘  │
                │    品質中核システム 50点  │
                └───────────────────────────┘
```

図 4.4　デミング賞の評価項目

5章 マネジメントに関する知識の学習
(Learning of knowledge for management)

マネジメントに関する知識の学習

5.1 要員の力量

　組織目標を達成するためには，効果的で効率的なマネジメントを行う必要がある．これを実践するためには，管理層に対してマネジメント能力を継続的に開発する必要がある．管理層がマネジメント能力を保有することで，日常業務および事業計画のマネジメントを効果的に実践でき，組織のマネジメントシステムの改善・革新についての対応が可能になる．

　マネジメント能力を発揮するためには，管理層が責任・権限を持っている部門に必要なプロセスの機能および固有技術に関する知識が必要である．なお，組織にとって必要な事業活動のプロセスとしては，表5.1

表5.1　組織が構築しているプロセスの例

製品実現のためのプロセス	改善のためのプロセス	支援のためのプロセス
マーケティング	事業計画の策定・展開	インフラストラクチャー管理
研究開発	内部監査	知識・情報・技術管理
製品企画	改善活動管理	計測機器管理
製品の設計・開発		生産管理
工程の設計・開発		人事管理
購買管理		経理管理
外注管理		労務管理
製　　造		総務管理
検　　査		標準化管理
梱　　包		
輸　　送		
営　　業		
マネジメントの対象：品質，コスト，量・納期，安全，環境，リスク，セキュリティなど		

に示すものがある．したがって，これらのプロセスにどのような活動（要素）を取り入れるべきかを判断できる能力が管理層には要求されるので，トップマネジメントは，このような能力を習得させるための学習の場を提供する必要がある．

5.2 マネジメント能力の開発プログラム

管理層のマネジメント能力を開発するためのプログラムには，次のようなものがある．

① 有効性に着目した内部監査
② P. F. ドラッカーのマネジメントの学習
③ TQM 品質保証の自己診断
④ JIS Q 9005 の組織能力像の作成
⑤ JIS Q 9006 の自己評価

上記のプログラムとマネジメント能力開発の関係を図 5.1 に示す．
これらの学習から，表 5.2 に示す能力を開発できる．

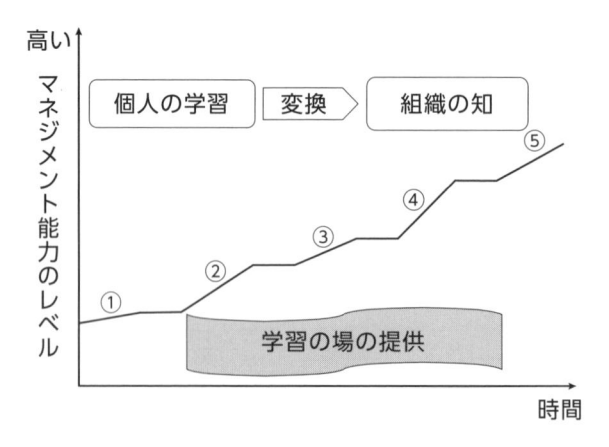

図 5.1 マネジメント能力開発による有効な業務運営法

表 5.2 開発すべきマネジメント能力

能力開発プログラム	主な開発能力
① 有効性に着目した内部監査	プロセス分析力
② P. F. ドラッカーのマネジメントの学習	マネジメント力
③ TQM 品質保証の自己診断	プロセス設計能力，プロセス評価能力，固有技術の知識
④ JIS Q 9005 の組織能力像の作成	マネジメントシステム分析能力，創造力
⑤ JIS Q 9006 の自己評価	プロセス設計能力，プロセス評価能力，固有技術の知識

5.2.1 有効性に着目した内部監査

ISO 9001 を認証取得している組織では，品質マネジメントシステムの内部監査を行っている．ISO 9001 の内部監査の目的は，次のように規定されている．

(1) 品質マネジメントシステムが，個別製品の実現の計画に適合しているか

ISO 9001 の 7.1（製品実現の計画）に関する要求事項を満たしているか否かを評価する．

(2) この規格の要求事項に適合しているか

ISO 9001 の要求事項を満たしているか否かを評価する．

(3) 組織が決めた品質マネジメントシステム要求事項に適合しているか

ISO 9001 の要求事項以外に，組織が顧客満足を満たすために設計した品質マネジメントシステムに関する要求事項を満たしているか否かを

評価する．

（4）品質マネジメントシステムが効果的に実施され，維持されているか

　組織が構築した品質マネジメントシステムが効果的に実施され，維持されているかを評価する．

　（1）と（2）は，どのような組織でもこの目的に沿った内部監査を行っている．しかし，（3）を組織がどのように考えているかでその効果が左右される．図5.2に示すように，組織の品質マネジメントシステムは，ISO 9001要求事項だけにとどまらないで構築されている．ISO 9001では，表5.1で示したプロセスすべてを対象としていないことは明らかである．とくに，マーケティング，研究開発，工程の設計・開発，販売，生産管理などのプロセスについては，ISO 9001要求事項にはない．しかし，組織はこのようなプロセスを構築して初めて顧客のニーズ・期待を満たす製品・サービスを提供できる．このため，真の品質マネジメントシステムとは何かを組織自身が明確にし，このプロセスすべてを対象とした内部監査を行うべきである．

　さらに重要なことは（4）である．（4）が品質マネジメントシステムの有効性を評価することに他ならない．効果的にということは，構築して

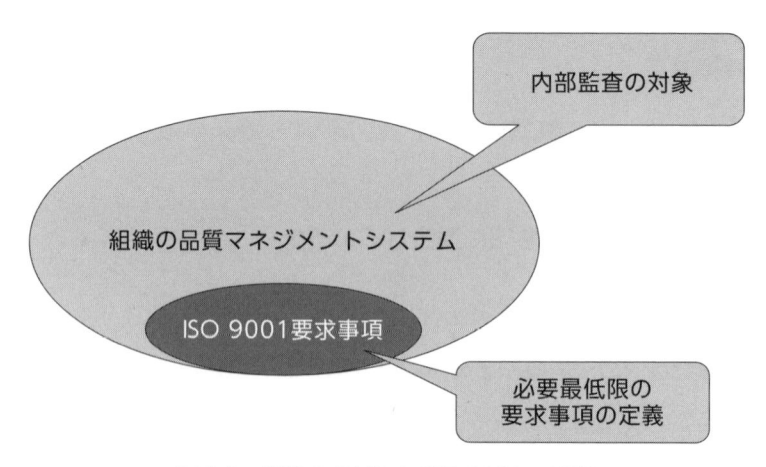

図5.2　組織のQMSとISO 9001の関係

いるプロセスが効果的かどうかを判断する必要がある．このためには，内部監査員が監査対象のプロセスについて，現在の品質方針および目標を達成するために必要十分かを判断する必要がある．このような判断を行うためには，内部監査員が現在のプロセスの強み・弱みを判断することが要求される．このような内部監査を実践することで，マネジメント能力の維持・向上・開発に繋げることが可能になる．
　プロセスの有効性の見方は，次のように行うとよい．
　ISO 9000 の 3.2.14 では，有効性を次のように定義している．

ISO 9000 の定義
計画した活動が実行され，計画した結果が達成された程度．

　しかし，組織にとっては日常業務のマネジメントが計画通りに行われたのかだけでなく，効率的に行われたのかも重要である．
　ISO 9000 の 3.2.15 では，効率を次のように定義している．

ISO 9000 の定義
達成された結果と使用された資源との関係．

　したがって，内部監査では，効果と効率の両面からプロセスの評価と品質マネジメントシステムの評価を行うことができるようにしなければならない．このことが有効性を評価することである．したがって，計画した活動が効果的か効率的かという視点での内部監査を行うことが必要である．
　プロセスの有効性とは，図 5.3 に示す視点で判断する．
　① プロセスが効果的に資源を使用し，効果的に活動し，これらのことを効果的に管理されているかを判断する．
　② プロセスが効率的に資源を使用し，効率的に活動し，効率的に管理されているかを判断する．
　③ プロセスの結果が目標を達成しているかを判断する．
　品質マネジメントシステムは，図 5.4 に示すように多くのプロセスがチェーンで繋がったものになっているので，品質マネジメントシステム

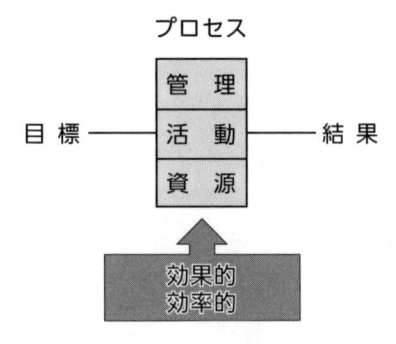

図5.3　プロセスの有効性の評価の考え方

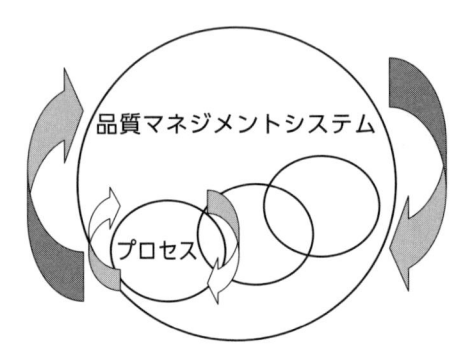

図5.4　品質マネジメントシステムの有効性の考え方

の有効性とは，次の視点で判断する．
　①　品質マネジメントシステムが全体最適(効果的)になっているか？
　②　品質マネジメントシステムが効率的に結果を出しているか？
では，どのような内部監査を行えば有効性の判断をすることができるのか，次の事例で考えてみる．
　次のアウトプットから有効性について，あなたはどのような質問をしますか？
　・設計検証の記録
　　設計検証の記録からプロセスの能力の強み・弱みを説明してくだ

さい．
- 設備の日常点検の記録
  設備点検業務におけるKPIの達成状況について，どのように評価しているかを説明してください．
- 受入検査の記録
  受入検査の記録から受入検査の効率化に関する考え方を説明してください．
- 測定機器の校正記録
  測定機器の校正にかかるコスト低減の考え方を説明してください．
- 設備部門の要員の力量一覧表
  中期事業計画と要員の力量開発について説明してください．
- 工程内不適合率の月次グラフ
  工程内不適合率のマネジメントについて説明してください．
- 文書のレビューの履歴
  文書レビューの方法について説明してください．

以上のようなプロセス分析を考慮して，有効性に着目した内部監査を実践することにより，内部監査員である管理層のマネジメント能力を向上させることができる．すなわち，内部監査で有効性についての視点から他部門のプロセスを監査することで，日常業務のマネジメントを効果的で効率的に実践できる能力を開発することに繋がる．

5.2.2 | P. F. ドラッカーのマネジメントの学習

組織は，マネジメント能力を開発するための対象者を管理層の中から選定し，P. F. ドラッカーの『マネジメント基本と原則』をテキストとしたマネジメント能力開発プログラムを策定することで，管理層のマネジメント能力を向上させることができる．このマネジメント能力開発プログラムは，次のステップで行う．

ステップ❶ 個人学習

上記テキストすべてを熟読し,理解する.マネジメントの学習を行うことで,マネジメントの全体像を理解することができる.

ステップ❷ PPT(パワーポイント)の作成

学習した結果を PPT にまとめる.PPT にまとめるためには,学習した内容を理解していなければ PPT で表現することはできない.このため,他の書籍を学習することも必要になる.このような学習を行うことで,マネジメントの本質を理解することが可能になる.

作成した PPT の例を図 5.5〜図 5.9 に示す.

ステップ❸ 学習内容の発表および討論

作成した PPT に基づいて,研修者に対して解説を行う.解説に当たっては,今まで説明者自身が行ってきた業務活動と比較して,自分自

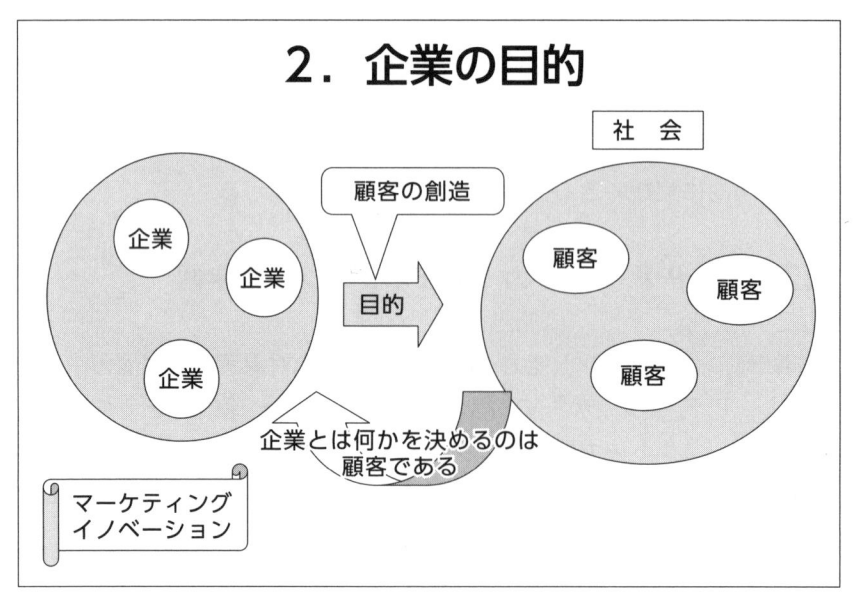

2. 企業の目的

企業 / 企業 / 企業
顧客の創造
目的
顧客 / 顧客 / 顧客
社会
企業とは何かを決めるのは顧客である
マーケティング イノベーション

図 5.5　PPT の作成例:企業の目的

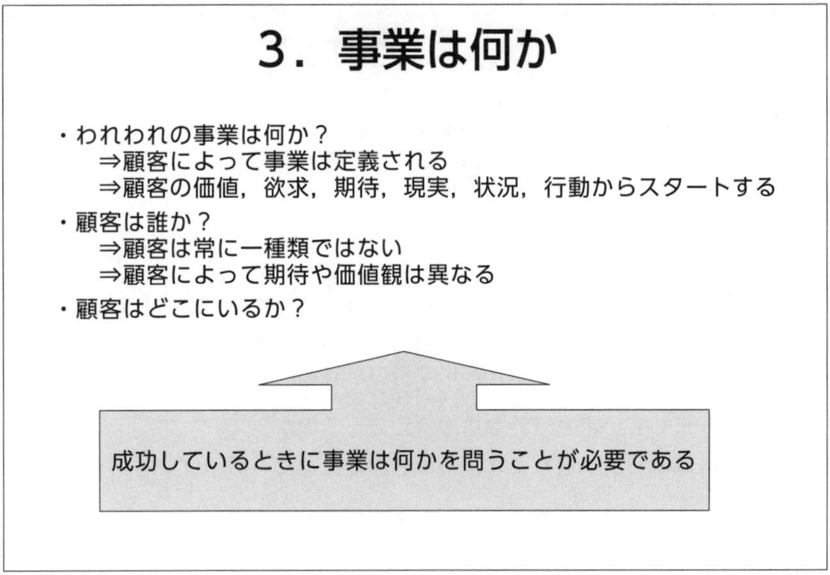

第5章 マネジメントに関する知識の学習

3．事業は何か

- われわれの事業は何か？
  - ⇒顧客によって事業は定義される
  - ⇒顧客の価値，欲求，期待，現実，状況，行動からスタートする
- 顧客は誰か？
  - ⇒顧客は常に一種類ではない
  - ⇒顧客によって期待や価値観は異なる
- 顧客はどこにいるか？

⬆ 成功しているときに事業は何かを問うことが必要である

図 5.6　PPT の作成例：事業は何か

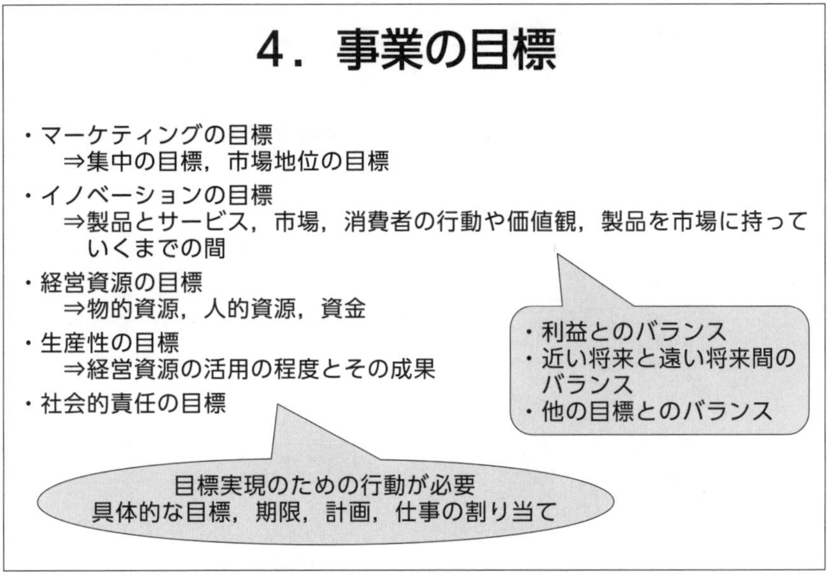

4．事業の目標

- マーケティングの目標
  - ⇒集中の目標，市場地位の目標
- イノベーションの目標
  - ⇒製品とサービス，市場，消費者の行動や価値観，製品を市場に持っていくまでの間
- 経営資源の目標
  - ⇒物的資源，人的資源，資金
- 生産性の目標
  - ⇒経営資源の活用の程度とその成果
- 社会的責任の目標

- 利益とのバランス
- 近い将来と遠い将来間のバランス
- 他の目標とのバランス

目標実現のための行動が必要
具体的な目標，期限，計画，仕事の割り当て

図 5.7　PPT の作成例：事業の目標

> # 5. 戦略計画
>
> ① 戦略計画は魔法の箱や手法の束ではない
>   ⇒思考であり，資源を行動に結びつけるものである
>   ⇒思考，分析，想像，判断を適用すること
>   ⇒手法でなく，責任である
> ② 戦略計画は予測ではない
>   ⇒予測できないから戦略計画が必要である
>   ⇒予測とは，可能性とその範囲を見つけようとするだけのものである
> ③ 戦略計画は，未来の意思決定に関わるものではない
>   ⇒現在の意思決定が未来において持つ意味に関わるものである
>   ⇒不確実な明日のために，今日何をなすべきか
>   ⇒いかにしていま合理的な意思決定を行うのか
> ④ 戦略計画はリスクをなくすためのものではなく，最小にするためのものでもない
>   ⇒より大きなリスクを負担できるようにすることである

図 5.8　PPT の作成例：戦略計画

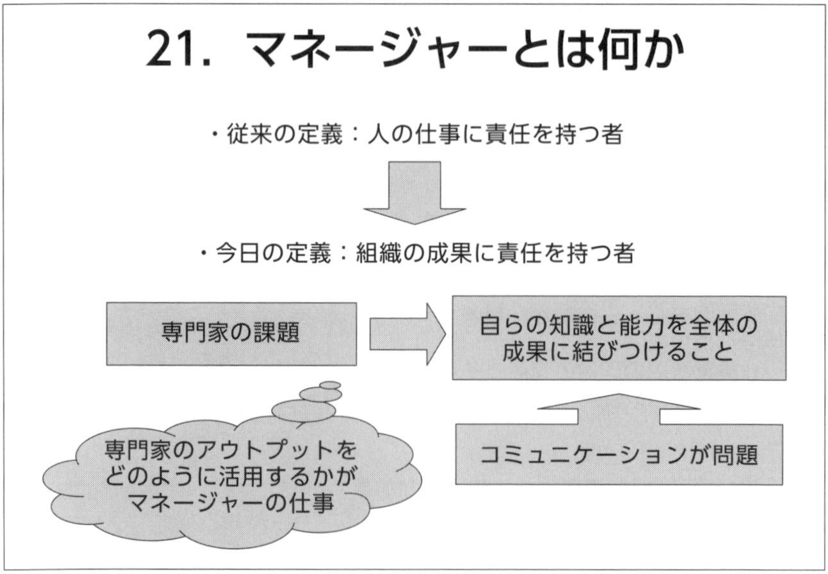

> # 21. マネージャーとは何か
>
> ・従来の定義：人の仕事に責任を持つ者
>
>   ↓
>
> ・今日の定義：組織の成果に責任を持つ者
>
> | 専門家の課題 | → | 自らの知識と能力を全体の成果に結びつけること |
>
> 専門家のアウトプットをどのように活用するかがマネージャーの仕事　　　コミュニケーションが問題

図 5.9　PPT の作成例：マネージャーとは何か

身の強み・弱みを明確にする．これらの内容を発表し，全員で討論を行うことで，マネジメントとは何かという考え方の理解が深まることになる．

このような学習を行うことで，マネジメントの知識の向上および自分自身のプロセスに関してマネジメントの改善項目を決定することが可能になり，日常業務および事業計画のマネジメントへの応用ができるようになる．

5.2.3 TQM品質保証の自己診断

品質マネジメントシステムの自己診断を行う方法として，TQM品質保証の自己診断がある．

この自己診断は，図5.10に示すように，ISO 9000からTQMへの発展モデルの"レベル3品質保証"の品質マネジメントシステム要素を自己診断するものである．

自己診断を行うためには，部門特有の固有技術と共通的な管理技術に

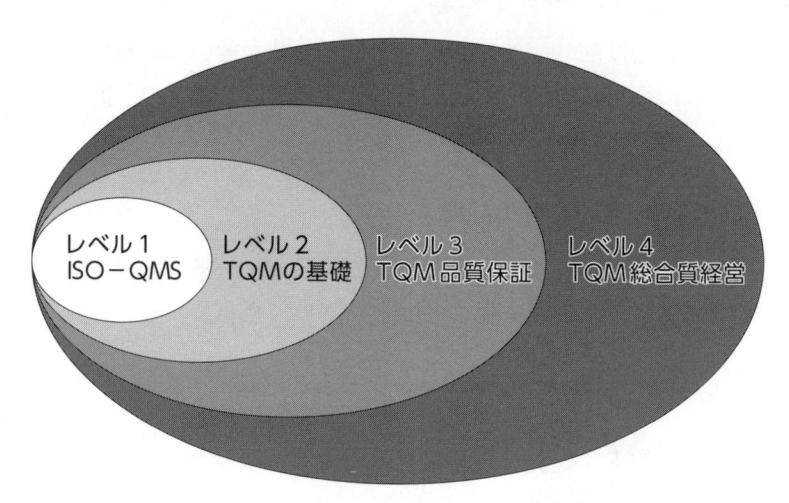

図5.10　ISO 9000からTQMへの発展モデル
(出典：飯塚悦功監修，超ISO企業研究会編著，『ISOからTQM総合質経営へ』，日本規格協会，2007)

関するマネジメント能力が必要になる．

この自己診断には，自己診断シートが提供されており，これに基づいて品質マネジメントシステムの要素について診断を行う．この自己診断のステップでは，次のようなマネジメント能力の開発が可能になる．

ステップ ❶　自己診断シートの理解

自己診断シートは，品質マネジメントシステムの要素にどのようなプロセスが必要であるかを示しており，効果的で効率的なプロセスについての理解力を向上することに寄与できる．

ステップ ❷　自己診断シートの追加または変更

組織の品質マネジメントシステムの要素と標準的な品質マネジメントシステムの要素を比較し，組織の品質マネジメントシステムに適応したプロセスを明確にすることで，プロセス設計能力を高めることに寄与できる(3.8.2項参照)．

ステップ ❸　自己診断の実施

作成した自己診断シートに基づいて自己診断を行い，品質マネジメントシステムの要素について事実に基づく検証を行うことで，問題・課題の検出能力の向上に寄与できる．

ステップ ❹　自己診断の記録

診断結果から強み・弱みを明確にすることで，分析力を向上させるとともに文章化するという表現力の向上に寄与できる．

ステップ ❺　品質マネジメントシステムの改善

改善すべき品質マネジメントシステムの要素についての改善推進力の向上に寄与できる．

5.2.4 | JIS Q 9005 の組織能力像の作成

　JIS Q 9005 は，組織が持続的成長を遂げるために必要な質マネジメントシステムの要素についてのモデルを示したものである．したがって，このモデルを理解することは，マネジメントシステムを理解することになり，管理層のマネジメント能力を開発することに繋がる．

　この規格を使用して持続的成長をはかりたいと考えている組織では，将来の組織環境の変化に対応できる能力を保有しておくことが不可欠である．このため，組織としてどのような能力が必要かを管理層が認識しておくことが必要である．このように組織の能力を明らかにするという活動そのものが管理層のマネジメント能力を開発することに繋がる．

　組織の中長期計画を達成するために，あるべき姿と現状を比較し，あるべき姿に到達するためにどのような能力が必要であるかを決定し，それらを品質マネジメントシステムに埋め込むための方法論を管理層が議論し，組織能力像を作成することでマネジメント能力の向上に貢献することができる．

　したがって，組織の能力を明確にしていくためのステップに基づいた活動をすることにより，マネジメント能力の開発に繋がることになる．

ステップ❶　顧客価値の明確化

　組織が提供している製品・サービスを，なぜ顧客が購入しているのかを見極める必要がある．このためには，顧客の購買動機を収集・分析する，顧客の声を聞き，分析するという活動が必要になる．顧客が何を望んで製品・サービスを受け入れているのかを論理的に調査し，分析できる能力としての，顧客価値の調査・分析能力を養うことができる．

ステップ❷　価値を提供している能力の明確化

　組織は，製品・サービスを通じて顧客に提供している価値を提供し続けるために，どのような能力が必要とされるのかを明確にする必要があ

る．この活動によって，価値と能力の相互関係を論理的に導き出す能力を養うことができる．

ステップ 3　組織が構築している QMS の能力の強み・弱み分析

現在，組織が保有している能力の強み・弱み分析を行うためには，評価するための基準を明確にする必要がある．この基準を決めるためには，能力のベストプラクティスは何かを明確にするための調査能力を養うことができる．

ステップ 4　強み・弱みを考慮した事業成功のシナリオの考察

ステップ3で導かれた強み・弱みから，事業をどのような道筋で行えば成功するのかを考える必要がある．このためには，事業を成功させる方法を考えるという創造力を養うことができる．

ステップ 5　競争優位要因と事業成功要因の特定

ステップ2の能力の中から，競争優位要因と事業成功要因を特定する必要がある．このためには，論理的な思考が要求されるので，分析力や論理力を養うことができる．

ステップ 6　持続的成長のために重要な能力の特定

ステップ5の中で特定した能力で持続的成長に重要な影響を与える能力を特定する必要がある．このためには，論理的な思考が要求されるので，分析力や論理力を養うことができる．

5.2.5 ｜ JIS Q 9006 の自己評価

JIS Q 9006 は，JIS Q 9005 の自己評価の指針として 2005 年 12 月に規格化された．この規格の基本的な考え方として，序文に次のように規定している．

JIS Q 9006 の規定

環境の変化に適応し，組織にとっての強み及び弱みを抽出し，組織の方向を合わせて確実に課題を解決して行く運営管理を維持するために，組織は，トップマネジメントのリーダーシップに基づき，次の事項に留意した活動を行うことが重要である．

- 組織の質マネジメントシステムの有効性及び効率，並びに成熟度を自己評価する．
- 改善及び革新の必要性を明確にし，優先度を決定する．
- 改善又は革新を実施し，更にその結果が妥当なものかを再評価する．

自己評価のステップは，次のようになっており，これを実践することで自己評価者の能力を開発することが可能になる．

ステップ❶ 自己評価プログラムの目的の明確化

自己評価の結果をどのように活用するのかも含めて，目的を明確にする．目的を明確にすることで，目的志向の考え方を養うことができる．

ステップ❷ 自己評価プログラムの範囲及び評価項目の設定

JIS Q 9005 に基づいて作成した組織能力像から抽出された評価項目を決定する．このステップでは，評価項目を選定する際の情報分析力を養うことができる．

ステップ❸ 自己評価プログラムの管理責任者の任命

質マネジメントシステムに関する責任をもっている人を選定する．小規模企業では，トップマネジメントが対応するとよい．

ステップ❹ 自己評価プログラムの手順の策定

内部監査の手順を参考に作成する．手順を作成することで，プロセス設計力を養うことができる．

ステップ ⑤　自己評価項目の設計

　この規格の特徴は，組織が自律的に自己評価の基準を策定することである．このために，この規格には，JIS Q 9005の箇条5から箇条12までについて，評価の視点および評価指標の例が示されている．この表をもとに，評価の視点，評価指標を自己評価者が設計することによって，マネジメントシステムの要素の分析力および評価指標の思考力を養うことができる．

ステップ ⑥　成熟度レベルの判定基準の設計

　成熟度レベルを設計する基準として，表3.6に示す共通の成熟度モデルが示されているので，これをもとに自己評価者が自己評価項目ごとに成熟度モデルを設計することになる．これによって，思考力を養うことができる．

ステップ ⑦　自己評価の実施

　作成した評価項目の"評価の視点"および"評価指標"と現状のパフォーマンスとを事実に基づいて比較し，評価項目の強み・弱みを抽出する．その強み・弱みから作成した成熟度モデルに従って成熟度を決定する．自己評価の結果については，組織内で情報の共有化をはかる．これによって，調査力や分析力を養うことができる．

ステップ ⑧　自己評価プログラムの記録

　自己評価に関する記録を作成し，維持する．

参考・引用文献

1) ㈳日本品質管理学会監修，㈳日本品質管理学会標準委員会編，『日本の品質を論ずるための品質管理用語85』，日本規格協会，2009
2) 福丸典芳著，『品質管理技術の見える化』，日科技連出版社，2009
3) 福丸典芳著，『品質管理の実践』，日科技連出版社，2008
4) 福丸典芳著，『品質マネジメントシステムの効果的な内部監査』，日本規格協会，2004
5) 超ISO企業研究会編，福丸典芳著，『品質マネジメントシステムの自己診断システム』，日本規格協会，2007
6) P. F. ドラッカー著，上田惇生編訳，『マネジメント基本と原則』，ダイヤモンド社，2001
7) 飯塚悦功監修，JIS Q 9005/9006 ガイド編集委員会編著，『持続可能な成長を実現する質マネジメントシステム』，日本規格協会，2006
8) 棟近雅彦監修，猪原正守著，『JUSE-StatWorksによる新QC七つ道具入門』，日科技連出版社，2007
9) 飯塚悦功監修，超ISO企業研究会編著，『ISOからTQM総合質経営へ』，日本規格協会，2007
10) 狩野紀昭編著，日科技連QIP研究会編，『現状打破・創造への道 マネジメントのための課題達成型QCストーリー』，日科技連出版社，1997
11) 鐵健司著，『新版 品質管理のための統計的方法入門』，日科技連出版社，2000
12) 航空自衛隊第2航空団「key Pointサークル」，『QCサークル』，2006年8月号 ワンポイント事例，日本科学技術連盟
13) ㈱望星薬局「彩香3ヶ月サークル」，『QCサークル』，2008年8月号 ワンポイント事例，日本科学技術連盟
14) 日産自動車㈱「グリーンベレーサークル」，『QCサークル』，2010年3月号 体験事例3，日本科学技術連盟
15) 『JIS Q 9000：2006（ISO 9000：2005）品質マネジメントシステム-基本及び用語』，日本規格協会
16) 『JIS Q 9001：2008（ISO 9001：2008）品質マネジメントシステム-要求事項』，日本規格協会
17) 『ISO 9004：2009 組織の持続的成功のための運営管理-品質マネジメントアプローチ』，日本規格協会

18) 『JIS Q 9005 質マネジメントシステム－持続的可能な成長の指針』，日本規格協会
19) 『JIS Q 9006 質マネジメントシステム－自己評価の指針』，日本規格協会
20) 『JIS Q 9023 マネジメントシステムのパフォーマンスの改善－方針よるマネジメントの指針』，日本規格協会
21) 『JIS Q 9024 マネジメントシステムのパフォーマンスの改善－継続的改善の手順及び技法の指針』，日本規格協会
22) 『JIS Q 9025 マネジメントシステムのパフォーマンスの改善－品質機能展開の指針』，日本規格協会
23) 『JIS Z 8141 生産管理用語』，日本規格協会

索　引

【アルファベット】

ISO 9000 から TQM への発展モデル　159
ISO 9001 の QMS モデル　130
ISO 9001 の品質マネジメントシステムモデル　133
ISO 9001 のモデル　129
ISO 9004 の品質マネジメントシステムモデル　135
ISO 9004 の品質マネジメントシステム要素　136
ISO 9004 のモデル　132
ISO マネジメントシステム規格　110
JIS Q 9005 の質マネジメントシステムのモデル　140
JIS Q 9005 の組織能力像　161
JIS Q 9005 のモデル　135
JIS Q 9006 の自己評価　162
KPI の策定　54
KPI のマネジメント周期の決定　55
KPI の目標設定　54
PDCA のサイクル　36
PDPC 法　99
QC 七つ道具　84
　――を利用したプロセスの監視　95
　――を利用したプロセスの測定　95
QMS と ISO 9001 の関係　152
SDCA のサイクル　8
TQM　128, 141
　――品質保証の自己診断　159

【あ】

後工程はお客様　4
アローダイアグラム法　100

【か】

課題達成型 QC ストーリー　107
管理項目　95
管理図　93
業務機能展開　17
グラフ　85
経営戦略　38
　――の策定　38
系統図―マトリックス図　56
系統図法　19, 98
検定　101
工程管理　95
工程能力　96
工程能力指数による判断基準　97
効率　153

【さ】

散布図　90
事業計画の実施　60
事業計画のマネジメントアプローチ
　　　　　　　　　　　　35
事業計画のマネジメントの成熟度レベル　65
事業計画のマネジメントのポイント
　　　　　　　　　　　　64
事業計画のマネジメントプロセスフロー　37
事業計画のレビュー　61
事業戦略　39
　　──の策定　38
自己診断シート　120
仕事の質　3
仕事の標準化　9
システム　127
質　4,135
実験計画法　103
質マネジメントシステム　119
質マネジメントの12原則　138
新QC七つ道具　97
親和図　44
親和図法　99
推定　101
是正処置　69,71
　　──の考え方　70
　　──の手順　72
　　──のメカニズム　70
是正処置の見える化フォーマット
　　　　　　　　　　　　73

総合的品質管理　128
組織能力像　40
　　──の活用の考え方　42
　　──の明確化の考え方　41
　　──を見える化するための手順
　　　　　　　　　　　　43
組織能力の自己評価　49

【た】

チェックシート　86
中長期計画の策定　51
デミング賞　141
　　──の評価項目　145
統計的手法　83
特性　6
特性要因図　74,88
ドラッカーのマネジメント　155

【な】

内部監査　110,151
　　──の仕組み　111
日常業務のマネジメント　3
　　──のポイント　32
年度計画の目標の策定　53
年度計画の方策の策定　53
年度事業方針の策定　51
年度事業方針の例　52
年度目標の策定　54

【は】

パレート図　84

索引

ヒストグラム　91
標準化　9
品質　4
品質特性　5
品質マネジメントアプローチ　112
品質マネジメントシステム
　　　　　　　　　127, 129
　　——との要素の関係　134
　　——の自己診断項目　117
　　——の自己診断システム　114
　　——の有効性　154
プロセス　13
　　——改善のツールと関連するマネジメントへの適用　69
　　——監視の方法例　29
　　——の改善　31
　　——の監視および測定方法　28
　　——の評価および改善　27
　　——のモデル　14
　　——の有効性の評価　154
　　——別 KPI の例　29
プロセス機能展開　82
　　——の結果　26
　　——の実施例　24
　　——の手順　18
プロセス設計　15
　　——の基本　15
　　——のフォーマット　20
方策展開およびマネジメント方法の例
　　　　　　　　　　　　58

【ま】

マトリックス・データ解析法　100
マトリックス図法　98
マネジメントグラフの例　59
マネジメントシステム　127
　　——の成熟度評価　111
　　——要素　134
マネジメント能力の開発プログラム
　　　　　　　　　　　　150
目標　54
目標達成率と方策達成率の関係　62
目標に対する処置基準の決定　58
目標発生の方策の策定　56
問題解決型 QC ストーリー　103

【や】

有効性　153
要員の力量　149
要素，能力，およびパフォーマンス指標の関係　46
要素と能力の関係　45
予防処置　77, 79
　　——の考え方　78
　　——の対象の例　80
　　——の手順　80
　　——のメカニズム　78
予防処置の見える化フォーマット
　　　　　　　　　　　　81

連関図法　97

著者紹介

福丸　典芳（ふくまる　のりよし）

1974.4　日本電信電話公社　入社（本社）
1996.7　㈱NTT 資材調達部　品質管理部長
2000.3　㈱NTT-ME コンサルティング　取締役
2002.1　㈲福丸マネジメントテクノ　代表取締役

【各団体等との関わり】
　・デミング賞委員会委員
　・㈶日本科学技術連盟　BC コース等講師
　・経済産業省　管理システム規格専門委員会　委員
　・㈶日本規格協会　品質マネジメントシステム規格国際対応委員会
　　エキスパートおよび委員
　・公益財団法人日本適合性認定協会　技術委員会副委員長
　・JRCA 認定品質主任審査員
　その他多数

【受　　賞】
　・品質管理推進功労賞（日本品質管理学会 2005）
　・国際標準化貢献者表彰（経済産業省 2009）

【主な著書】
　・『現状打破・創造への道』(1997, QIP メンバー共著, 日科技連出版社)
　・『品質マネジメントシステムの効果的な内部監査』(2004, 日本規格協会)
　・『実践 ISMS 構築と運営法』(2004, 共著, 日刊工業新聞社)
　・『超 ISO 企業実践シリーズ 5：QMS の有効性を継続的に改善しよう』(2005, 日本規格協会)
　・『品質マネジメントシステムの自己診断システム』(2007, 日本規格協会)
　・『品質管理の実践』(2008, 日科技連出版社)
　・『品質管理技術の見える化』(2009, 日科技連出版社)
　その他多数

職場を活性化する ザ・マネジメント

2010年9月1日 第1刷発行

著者　福　丸　典　芳
発行人　田　中　　健

検印
省略

発行所　株式会社　日科技連出版社
〒151-0051　東京都渋谷区千駄ヶ谷 5-4-2
電　話　出版　03-5379-1244
　　　　営業　03-5379-1238～9
振替口座　　　東京 00170-1-7309

印刷・製本　河北印刷株式会社

Printed in Japan

© Noriyoshi Fukumaru 2010　　ISBN978-4-8171-9356-8
URL http://www.juse-p.co.jp/

＜本書の全部または一部を無断で複写複製(コピー)することは，著作権法上での例外を除き，禁じられています．＞